Land der Griechen

Athen. Die Akropolis als Insel im Häusermeer, vom Hymettos aus aufgenommen. Im Vordergrund das Stadion und der Zeus-Olympios-Tempel.

Ein Bildband von Michael Ruetz

LAND DER GRIECHEN

mit Texten von Pavlos Tzermias

Artemis Verlag

Gestaltung: Peter Rüfenacht-Bolli, Artemis
Satz: Englersatz AG, Zürich
Fotolithos: Schwitter AG, Basel
Druck: Roto-Sadag SA, Genf
Printed in Switzerland
ISBN 3 7608 0517 5

Vorwort von Pavlos Tzermias

Der griechische Dichter Ilias Venezis schildert in seinem Roman «Äolische Erde» das Schicksal eines gelähmten Schotten, der einen tiefen Hang zu Abenteuern, Reisen und schwierigen Situationen im Leben hatte: «Da sie keinen anderen Ausweg fand, stürzte sich diese unbezähmbare Kraft auf die Bücher, Reiseberichte, Korsarengeschichten, denkwürdige Beschreibungen fremder Länder, Tagebücher von Entdeckern. Der gelähmte Herr lernte allmählich in fremden Geschichten wie in seinen eigenen zu leben.» Eines Tages, erzählt Venezis, gelangte jener Mensch nach Griechenland, «und als er in die Gegend der Götter und der Satyrn, in das Land der Nacktheit und der Himmelsbläue kam, konnte er von dort nicht mehr loskommen. Er hatte so viele Ozeane bereist und konnte sich von allen Gegenden trennen, die er besucht hatte. Weil sie alle etwas hatten, das nicht vollständig, nicht vollkommen war. Aber Griechenland ließ keinen Raum zu unerfüllter Sehnsucht. Griechenland selbst war die Erfüllung.»

Griechenland ist die Erfüllung für Tausende und aber Tausende von Menschen, die es im Geiste oder tatsächlich besuchen. Im Zuge der «Wiedergeburt der Antike» und des Klassizismus wurde die geistige Pilgerschaft nach Hellas geradezu zum Inbegriff europäischen, ja in gewissem Sinne sogar universellen Selbstverständnisses. Später kam der Massentourismus. Er bot und bietet vielen Menschen die Gelegenheit, Griechenland zu erleben.

Doch trotz Erfüllung der Sehnsucht bleibt Griechenland manchem ausländischen Betrachter in vielfacher Hinsicht unbekannt. Das Land der Griechen ist zu multidimensional und zu komplex, um gleichsam auf einmal «erfaßt» zu werden. Als der Artemis Verlag mit der Anregung an mich gelangte, den Textteil für den vorliegenden Bildband zu übernehmen, insbesondere vier Beiträge (die Antike – das Meer – das Land – die Gegenwart) zu verfassen und auch eine Bibliographie beizusteuern, kam ich daher dem Anliegen gerne nach. Das Unterfangen ist nicht nur sinnvoll, sondern unter einem bestimmten Gesichtspunkt sogar dringend notwendig: Es bietet dem Textautor die Gelegenheit, auf Grund der vorgegebenen Auswahl der aussagekräftigen Aufnahmen des Photographen Michael Ruetz und der entsprechenden Gliederung des Bandes die vielschichtige und polyvalente Thematik unter gewissen neuen Aspekten zu behandeln und in manchem Punkt den Akzent anders zu setzen, als dies sonst üblich ist.

Das heutige Land der Griechen verdankt seine Eigenstaatlichkeit gewiß in erster Linie den eigenen Anstrengungen. Doch zur Erlangung der Unabhängigkeit des neugriechischen Staates haben auch die Philhellenen einen wichtigen Beitrag geleistet. Unter ihnen befanden sich zahlreiche Humanisten, die im modernen Griechenland das alte Hellas erblickten. Gerade dies wurde allerdings den Neugriechen mit der Zeit in vielen Hinsichten zum Verhängnis. Die «Nachkommen der alten Hellenen» fühlten sich gleichsam genötigt, sich als solche auszuweisen. Dies um so mehr, als der Anti-Philhellene Jakob Philipp Fallmerayer die «Echtheit ihres Blutes» in Abrede gestellt hatte. Die Würde der Antike wurde somit zur Bürde der Gegenwart. «Hellas» erwies sich für «Griechenland» in mancher Hinsicht als Belastung.

Dies erklärt, warum mancher Grieche heute gegenüber der hellenischen Antike eine Art Haßliebe, wenn nicht sogar eine «ikonoklastische Wut», empfindet. «Jeder Stein ein Held, wo soll ich Armer stehen?», kann man in Versen der griechischen Lyrikerin Manto Aravantinou lesen. Das Streben nach Befreiung von der Vergangenheit – in den Augen der klassizisierenden Humanisten eine Hybris – nimmt gelegentlich das Ausmaß des Verlangens nach einer regelrechten «Säuberung» des Landes von den «Parthenones» an. Es versteht sich, daß im Zuge dieser Reaktion sogar das Verhältnis Neugriechenlands zum Philhellenismus «überprüft» wird. Die Tendenz, manchen Philhellenen als «Abenteurer» oder «ausländischen Agenten» zu betrachten, ist in gewissen griechischen Publikationen der Gegenwart unverkennbar. Hand in Hand mit derartigen Strömungen geht in nichtgriechischen Veröffentlichungen die Neigung zu Betrachtungen über das «Griechenland ohne Säulen». «Griechenland» scheint gegenüber «Hellas» an Boden zu gewinnen.

Der Ausschlag des Pendels ins andere Extrem ist als Reaktion auf den lebensfremden, zum Teil krankhaft romantisch anmutenden Humanismus der Vergangenheit verständlich. Doch irgendwann muß das Gleichgewicht hergestellt werden. Es geht nicht darum, das «Griechenland ohne Säulen» dem «alten Hellas» oder dieses jenem entgegenzusetzen. «Hellas» und «Griechenland» bilden eine geschichtliche Einheit – eine Einheit freilich, die voller Widersprüche und Gegensätze ist. Die Ausführungen des Textautors in diesem Band wollen als bescheidener Beitrag zum Verständnis dieser historischen Kontinuität betrachtet werden. Das besagt bereits, daß die Gliederung der Ausführungen in die erwähnten vier Teile weitgehend konventionell ist.

Wenn hier von historischer Kontinuität die Rede ist, so ist das wohlgemerkt nicht in einem nationalistischen, geschweige denn rassistischen Sinne zu verstehen. Strenggenommen gibt es keine «Geschichte der hellenischen Nation», wie der Titel des mehrbändigen griechischen Kollektivwerkes heißt, denn die Nation ist ein neuerer Begriff, der nicht in die Antike hineinprojiziert werden darf. Was die «Rassenreinheit» anbelangt, ist es wohl grotesk und unter dem Gesichtspunkt des Humanitätsideals auch unannehmbar, das geschichtliche Geschehen auf die nicht selten zweifelhaften Ergebnisse «rassenkundlicher und rassengeschichtlicher Durchforschung» reduzieren zu wollen – dies unabhängig davon, ob die Rassentheorie zugunsten oder zuungunsten der hellenischen «Reinheit» angerufen wird. Die Kontinuität der griechischen Geschichte wurzelt anderswo: im hellenischen Bewußtsein der heutigen Griechen, einem Bewußtsein, das sich nicht zuletzt von der Erhaltung der Sprache nährt. Die gegenwärtige Krise der humanistischen Studien rührt unter anderem davon her, daß man eine unzulässige Zäsur zwischen altem und neuem Griechenland machte bzw. immer noch macht.

Auf diese Zäsur ist nicht zuletzt auch der unbefriedigende Zustand zurückzuführen, der in der Wiedergabe griechischer Wörter in der deutschen Sprache herrscht. Man ist zwar zur Erkenntnis gelangt, daß es «richtiger» wäre, von *der* Peloponnes zu sprechen; man verwendet aber bei Dodekanes immer noch den männlichen Artikel. Derartige Beispiele ließen sich in beliebiger Zahl aneinanderreihen. Ähnliches gilt für die Transkription. Diesbezüglich kann ich nur wiederholen, was ich bereits in meiner «Neugriechischen Grammatik» ausgeführt habe: Die Transkription des Neugriechischen ist eine mit Schwierigkeiten verbundene Sache. Diese Schwierigkeiten werden leider oft übersehen, und es herrscht bei der Übertragung neugriechischer Wörter in andere Sprachen große Willkür. Die phonetische Transkription neugriechischer Wörter ins Deutsche erleichtert das Lesen, ist aber bestimmten Grenzen unterworfen. Die API-Transkription wiederum ist viel nuancierter als die deutsche, dem breiten Publikum jedoch zuwenig bekannt. Das Problem der Transkription wird dadurch kompliziert, daß man in gewissen Fällen (so zum Beispiel bei der Übertragung von altgriechischen Bezeichnungen oder von Eigennamen) nicht rein phonetische, sondern auch andere (historische, orthographische, konventionelle usw.) Gesichtspunkte berücksichtigen muß. Im vorliegenden Buch sind aus allen diesen Gründen «Kompromißlösungen» getroffen worden, die notgedrungen unter diesem oder jenem Gesichtspunkt nicht ganz befriedigen, aber doch gewissermaßen praktikabel sind. Hie und da ist ein Hinweis auf die Phonetik mitgegeben worden.

Dem Leiter des Verlages, Herrn Dr. Bruno Mariacher, und Herrn Dr. Martin Müller vom Lektorat sei für ihre wertvolle Mitarbeit an dieser Stelle verbindlichst gedankt.

DIE ANTIKE

«Die Reise nach Griechenland», schrieb einst Hugo von Hofmannsthal, «ist von allen Reisen, die wir unternehmen, die geistigste. Hierher am wenigsten schickt uns halbsinnliche Neugier, die der geheime Untergrund so vieler Reisen ist und gewesen ist, und wir sind fast befremdet, wenn uns Griechenland, schon ehe wir es betreten haben, mit dem empfängt, woran wir hier am wenigsten gedacht hätten: einem bezaubernden, ganz orientalischen Duft, gemischt aus Orangenblüten, Akazien, Lorbeer und Thymian.»

In diesen Worten spiegelt sich, sicherlich nicht in ihrer ganzen Tragweite, aber dennoch klar, die Problematik des traditionellen Humanismus wider. Man suchte das Land der Griechen mit der Seele. Doch am Ziele der Sehnsucht angelangt, fühlte man sich «befremdet». Das wirkliche Griechenland entsprach dem erträumten Hellas nicht – oder nicht ganz. Goethe hatte das Land der Griechen nie bereist. Die Serenität, in die er mit Winckelmann sein Altertum tauchte, war, wie Hugo von Hofmannsthal im selben Zusammenhang bemerkt, «die Verfassung eines bestimmten Augenblicks der deutschen Seele, nichts weiter».

Ganz unproblematisch war allerdings auch das Griechenlandbild Hofmannsthals nicht. Die Hellasreise des Hauptvertreters des Wiener Impressionismus und Symbolismus war keine solche «nach dem Pittoresken». Hofmannsthal suchte in Griechenland «einen höchsten Moment der Menschheit». Er wollte «die Hand auf das Heiligtum legen». Mit «Elektra» wandte sich der Griechenlandverehrer einer mit den Augen Nietzsches und Freuds gesehenen Antike zu, also einem Hellasbild, in das manch zeitgenössische Vorstellung hineinprojiziert wurde. An der Richtigkeit seiner Bemerkungen über die erste Begegnung mit dem Land der Griechen ändert dies jedoch nichts.

In der Zeit des Humanismus, einer vielschichtigen und polyvalenten und somit nicht eindimensional zu deutenden Bewegung, war die Beziehung zu Griechenland vornehmlich ein geistiges Abenteuer. Erasmus von Rotterdam und die anderen Humanisten erstrebten durch das Studium antiker Schriftsteller die Verwirklichung des Ideals wahrhaft menschlicher Bildung. Im Mittelpunkt jener Bewegung, deren Anfänge in gewissem Sinne schon in der Auseinandersetzung der Kirchenväter mit dem «heidnischen» Altertum zu erblicken sind, stand somit naturgemäß, soweit dabei die hellenische und nicht die römische Kulturwelt in Frage kam, das antike Griechenland, und zwar ein stark idealisiertes Hellas. Der «Entdeckung» und Adaption der hellenischen Antike seitens der Humanisten haftete daher mehr oder weniger ein illusionäres Element an.

Diese Idealisierungstendenz – sie läßt sich bei manchen hervorragenden Repräsentanten des italienischen Renaissance-Humanismus bzw. der humanistischen Blütezeit in Deutschland und anderen europäischen Ländern unschwer feststellen – hing zweifellos weitgehend mit der zukunftsbezogenen, ideologisch-geistigen Stoßrichtung der ganzen Bewegung zusammen. Es ging um die durch die Zuhilfenahme des «Lichtes der Antike» zu erzielende Vertreibung der «Gespenster des Mittelalters». Darin lag und liegt die außer Frage stehende und nicht genug zu betonende gesamteuropäische, ja universalgeschichtliche Bedeutung der «Wiedergeburt» der Antike. Andererseits läßt sich nicht verkennen, daß die Schaffung eines mehr oder weniger illusionären Griechenlandbildes – eines Bildes, das nicht selten Beziehungen und Gedankengut der Epoche der Humanisten implizierte – zugleich ein retrospektives Element miteinschloß. Man richtete den Blick auf das weitgehend imaginäre alte Hellas. Und man ging, in Verkennung der Tatsache, daß man aus dem Später zumindest für das Vorher gewisse nützliche Erkenntnisse hätte gewinnen können, an den nachantiken Stadien griechischer Geschichte vorbei.

Hier ein aufschlußreiches Beispiel für die retrospektive Betrachtungsweise des Humanismus: Erasmus von Rotterdam hatte während eines Italienaufenthaltes in Padua den kretischen Gelehrten Markos

Mousouros (1470–1517), einen engen Mitarbeiter des bedeutenden humanistischen Verlegers Aldus Manutius (1450–1515) und Verfasser einer «Griechischen Grammatik», dozieren gehört. Die damals in Italien wirkenden griechischen Gelehrten, die teils aus Konstantinopel, teils aus anderen Orten, insbesondere auch aus Kreta, gekommen waren, trugen zur «Wiedererweckung» der hellenischen Antike in wesentlichem Ausmaß bei. Doch sie blieben letztlich am Rande des geistigen Geschehens. So konnte sich im humanistischen Europa auch nicht ihre «byzantinisch-neugriechische», von der Phonetik des Altgriechischen in mancher Beziehung abweichende Aussprache durchsetzen, die immerhin das Resultat einer natürlichen und organischen Sprachentwicklung bildete bzw. bildet. In seiner mehrbändigen «Geschichte des europäischen Geistes» erwähnt der griechische Intellektuelle und Politiker Panajotis Kanellopoulos nicht ohne Stolz, daß der hellenisch-byzantinische Gelehrte Ioannis Argyropoulos (um 1415[1410]–1487[1490]) begeistert gewesen sei, als er in Italien den deutschen Humanisten Johannes Reuchlin (1455–1522) kennengelernt und griechisch sprechen gehört habe. Kapnion (Capnio) – so hatte Reuchlin seinen Namen gräzisiert – folgte in der Aussprache seinen neugriechischen Lehrern (Itazismus). Die Beherrschung des Griechischen bzw. Neugriechischen durch Reuchlin soll Argyropoulos zu folgendem Ausruf veranlaßt haben: «Ecce, Graecia nostro exsilio transvolavit Alpes» («Siehe da, Griechenland hat durch unser Exil die Alpen überflogen!»). Aber nicht Reuchlins lebensnahe Sprachauffassung hat gesiegt, sondern die von Erasmus in der in Basel 1528 entstandenen Arbeit «De recta Latini Graecique sermonis pronuntiatione dialogus» – mit welchem Erfolg, bleibe dahingestellt – unternommene Rekonstruktion der altgriechischen Phonetik. Jener Rekonstruktion «verdanken» wir heute nicht zuletzt zahlreiche Inkonsequenzen und Schwierigkeiten bei der Transkription griechischer Wörter.

Die zukunftsbezogene weltanschauliche Stoßrichtung der humanistischen Bewegung hatte weitreichende, positiv zu wertende Wirkungen auf den verschiedensten Gebieten des wissenschaftlichen, künstlerischen, literarischen, philosophischen und politischen Lebens – Wirkungen, die hier nicht näher analysiert zu werden brauchen. Heute noch nährt der Humanismus weitgehend unser Geistesleben. Doch das retrospektive Element, das dem traditionellen humanistischen Antikebild mehr oder weniger innewohnte, erwies sich in mancher Beziehung auch als hemmender bzw. einengender Faktor. Indem man die griechisch-römische, seit Winckelmann insbesondere die hellenische Antike zum Inbegriff des Klassischen im Sinne des Mustergültigen erhob, ebnete man der – nicht selten «schulmäßigen» und formalistischen – Nachahmung den Weg. Etliche neoklassizistische Gebäude im Athen des 19. Jahrhunderts oder etwa das Achilleion auf Korfu (Abb. 5) sind Zeugnisse der besagten Nachahmungsströmungen, wobei freilich auch fremde bzw. eklektizistische Elemente nicht fehlen. Die weitgehend auf dem Glauben der Wiederholbarkeit der Geschichte beruhende Nachahmungstheorie sollte Kunst und Literatur von manchem «finsteren» mystisch-metaphysischen Element befreien. Sie führte aber mitunter zu «klassizistischen» Werken, bei deren Schöpfung die Antike zwar als «oberste Gesetzgeberin» galt, in Wirklichkeit aber lediglich in Gestalt einseitiger, vereinfachter und dem Zeitgeschmack angepaßter Regeln wirksam war. Mancher wertvolle Stein des außerordentlich nuancenreichen Mosaiks, das uns die griechische Antike im ästhetischen – und nicht nur in diesem – Bereich bietet, ist dabei verlorengegangen oder in Vergessenheit geraten.

Auf den Grundlagen des Humanismus entwickelte sich die klassische Philologie, die auf den verschiedensten Sektoren der Altertumskunde Erstaunliches leistete. Doch auch hier wurde das Antikebild mehrfach verabsolutiert, typisiert und formalisiert. Die formalistische Rezeption des griechischen Altertums ließ – und das ist eine Erscheinung, die auch in unserer Zeit nicht ganz überwunden zu sein scheint – nicht selten die Humanitas vergessen, die den Kern der weitgehend, wenn auch keineswegs ausschließlich anthropozentrisch ausgerichteten, selbst in Kultusbräuchen wie den Mysterien von Eleusis (Abb. 24, 31) betont lebensbejahenden hellenischen Antike ausmacht. Die Wertschätzung der Form und der Sprache ging in bestimmten Fällen mit einer Betrachtungsweise einher, welche das antike Griechenland zum Gegenstand einer unkritischen, blinden Bewunderung, einer krankhaft romantischen Liebe, einer götzendienerischen Verehrung machte. In der Zeit des Nationalsozialismus in Deutschland wurde sogar der Versuch unternommen, die humanistischen Studien in den Dienst einer zutiefst inhumanen Gesellschafts- und Staatsdoktrin zu stellen.

Trotz allem Fortbestehen vom traditionellen Humanismus herrührender idealisierender Vorstellungen über die griechische Antike läßt sich nicht leugnen, daß man auf diesem Gebiet im Laufe der Zeit nüchterner geworden ist. Wolfgang Schadewaldt (1900–1974) hat den Prozeß der Ernüchterung 1970 wie folgt beschrieben: «Die Frage nach dem Bild des altgriechischen Mannes in seiner Zeit läßt sich heute nicht mehr so bündig beantworten wie etwa noch vor hundertfünfzig Jahren. Damals, im Zeitalter Herders, Schillers, Humboldts, Hölderlins, galten die Griechen als das schlechthin vorbildliche Volk, und man erkannte all das in ihnen wieder, was man im Gegensatz zu dem eigenen „tintenklecksenden Saeculum", dem Rationalismus der Aufklärung, der Künstlichkeit der höfischen Rokokogesellschaft an freierer Menschlichkeit erstrebte und ersehnte. So erschienen die Griechen damals als das Volk der Menschheitsfrühe, der glücklichen, begnadeten Kindlichkeit und Jugendfrische. Man pries „den" Griechen als den „Günstling der Zeit" (so Herder), als Wesen der ungebrochenen Natur, der glücklichen Naivität, der genialen, noch unbewußt schaffenden Ursprünglichkeit. Als götternah erschien er einem Schiller, einem Hölderlin, in seiner Harmonie und Schönheit, für die Winckelmann das unvergleichliche, später so arg zerredete Wort von der „edlen Einfalt und stillen Größe" geprägt hatte. Doch eben in jener Zeit von vor hundertfünfzig Jahren ist nun auch die historische Forschung heraufgekommen. Und sie hat nicht nur das zum Idol gewordene Bild des absolut vorbildlichen Griechen zerschlagen; sie hat in ihrem Fortschritt im Lauf des neunzehnten Jahrhunderts auch das allzu einheitliche Bild des griechischen Menschen und Mannes stark differenziert. Wir wurden genötigt zu erkennen, daß *der* Grieche eine reine Abstraktion ist, daß er, geschichtlich gesehen, uns vielmehr mit vielen Augen, vielen Gesichtern entgegenblickt.»

Winckelmann, dessen vielzitiertes Wort Schadewaldt erwähnt, hatte, von der Kunst des perikleischen Zeitalters begeistert, ausgerufen: «Die reinsten Quellen der Kunst sind geöffnet: glücklich ist, wer sie findet und schmeckt. Diese Quellen suchen, heißt, nach Athen reisen.» Doch schon mehr als 1000 Jahre vor dem Bau des Parthenon blühte auf Kreta eine sich uns in den großen Palästen von Knossos, Phaistos (Abb. 34), Malia und Zakros offenbarende eigenartige Kultur, deren Architektur, im Vergleich zur «edlen Schlichtheit» der Denkmäler attischer Klassik, eher chaotisch, kompliziert und – benützen wir das dem Hause der Labrys, der Doppelaxt, adäquate Wort! – labyrinthisch erscheint. Die Restaurationsarbeiten des englischen Archäologen Sir Arthur Evans (1851–1941) in Knossos werden nicht selten als «gewagt» bezeichnet. Doch ob die Kritik zutrifft oder nicht, eines steht fest: Der große Wissenschafter, der um der Ausgrabungen auf Kreta willen beträchtliche persönliche und materielle Opfer brachte, erschloß uns eine «neue» Welt, welche nicht zuletzt auch zu einer Überprüfung des überlieferten Antikebildes führen mußte.

Der kretische Dichter Nikos Kazantzakis (1883–1957) beleuchtet wohl einen wichtigen Aspekt jener eigenartigen, in vielem noch geheimnisvollen Kultur, die nach dem Namen des dank den Ausgrabungsarbeiten Evans' aus dem Nebel der Legende gelösten Inselherrschers minoisch heißt, wenn er in seinem Werk «Rechenschaft vor El Greco», das keine Autobiograpie sein will und in mancher Beziehung doch eine ist, sein Knossos-Erlebnis mit den Worten zum Ausdruck bringt: «Der Palast, halb verfallen, halb wiederaufgerichtet, strahlte noch nach Tausenden von Jahren und freute sich erneut über die mächtige Sonne Kretas. Dieser Palast bietet nicht das Gleichmaß, die geometrische Architektur Griechenlands, hier herrschen Phantasie, Grazie und das freie Walten der schöpferischen Kraft des Menschen. Dieser Palast wuchs wie ein lebendiger Organismus, wie ein Baum; er entstand nicht auf einmal, nach einem vorher ausgedachten, festen Plan; er wurde wie spielerisch ergänzt und paßte sich den jeweiligen neuen Notwendigkeiten an. Hier war nicht die unbeugsame und strenge Logik die Führende; der Geist war nützlich, doch nur Diener, nicht Herr; Herr war ein anderer, wie sollen wir ihn nennen?»

Gewiß, die Frage Kazantzakis' nach dem «Herrn» – die Frage eines Mannes, der Dichter und Denker zugleich war und viele Stadien geistigen Ringens nacheinander durchschritten hatte, auch diejenigen des Religionsfanatikers einerseits und des Atheisten andererseits – muß in Zusammenhang mit seiner eigenen, kaum auf einen gemeinsamen Nenner zu bringenden Schau der Dinge gesehen werden, die er «kretischen Blick» zu nennen pflegte. Zu dieser Schau gehörte sowohl ein «unorthodoxes» Religiositätsgefühl als auch eine verzweifelte Konfrontation mit dem Nichts. Doch die Bedeutung der Frage nach dem «Herrn» erschöpft sich nicht – und das interessiert im Rahmen unserer Ausführungen – im besagten subjektiven Element. Kazantzakis spielt in der zitierten, in der deutschen Übersetzung von Isidora Rosenthal-Kamarinea wiedergegebenen Stelle zugleich auf den theokratischen Charakter der minoischen Epoche an. «Der Gott der Kreter», können wir im selben Abschnitt seines Buches lesen, «war der Herr, er führte ihre Hand und ihren Geist, eine Art Vorarbeiter. Und dieser kretische Geist war beweglich und spielerisch wie das die Insel umgebende Meer. So bilden Landschaft, Palast, Wandgemälde und Meer eine vollkommene Harmonie und Einheit.» Allerdings: die kretische Gottheit hatte nach Kazantzakis nichts unmenschlich Gewaltiges. «Kreta war die erste Brücke zwischen Europa, Asien und Afrika; Kreta wurde zuerst in dem damals noch dunklen Europa erleuchtet. Und hier erfüllte die Seele Griechenlands ihre schicksalbestimmende Aufgabe: Sie brachte Gott auf die Stufe des Menschen.»

Die Fachleute – nicht zuletzt, wie sich versteht, griechische Gelehrte, die mit sichtlichem Nationalstolz auf die «Geburt Europas auf Kreta» zurückblicken – scheinen dem Dichter recht zu geben. In der Zeit des klassizistischen Humanismus war der Terminus «goldenes Zeitalter» der perikleischen Epoche Athens vorbehalten. Der Archäologe Nikolaos Platon bezeichnet die drei Hauptperioden des minoischen Neopalatikums (1700–1600 v.Chr., 1600–1500 v.Chr. und 1500–1450 v.Chr.) als Phasen der «goldenen Epoche» des damaligen Kreta, deren hohe zivilisatorische und kulturelle Entwicklungsstufe das Resultat der in den zwei vorausgegangenen Epochen (Präpalatikum: 2600–1900 v.Chr., Protopalatikum: 1900–1700 v.Chr.) erzielten Fortschritte gewesen sei.

Gemäß der Chronologie des griechischen Wissenschafters umfaßt das Postpalatikum die Zeit von 1450 bis 1150 v.Chr. Nach Nikolaos Platon war die eine enge Verbundenheit des Menschen mit der Natur offenbarende Kunst der minoischen «goldenen Epoche» mit dem theokratischen System jener Zeit verknüpft. In wenigen Kulturen, schreibt der griechische Archäologe im betreffenden Abschnitt des ersten Bandes der «Geschichte der hellenischen Nation», sei das Leben mit der Religion so eng liiert, in keiner von ihnen aber der religiöse Zwang so leicht gewesen wie in der minoischen.

Die archäologischen Funde auf Kreta vermitteln in der Tat, ob man nun – im Falle von Knossos – die Wiederherstellungen Evans' skeptisch beurteilt oder nicht, den Eindruck eines wahren Gartens der Freude und der Jugendfrische, ja das Gefühl gerade jenes Sinnlich-Pittoresken, dem Hofmannsthal während der Griechenlandpilgerschaft aus dem Weg gehen wollte. Reiche Königspaläste, fürstliche Bauten, majestätische Treppen, Hallen und Terrassen, mit farbenprächtigen Fresken ausgemalte Korridore, Magazine mit großen Vorratskrügen (Pithoi), Entlüftungs- und Entwässerungsanlagen, Waschräume und all das andere, was uns berechtigterweise in Staunen versetzt, wenn wir den Zeugnissen der minoischen Blütezeit gegenüberstehen, darf uns aber nicht – das ist die leider oft übersehene Kehrseite der Medaille – zu einer Überbewertung des von den Minoern erreichten Zivilisationsgrades bzw. zur Versuchung verleiten, unsere Welt in jener so weit zurückliegenden Zeit vorbestätigt zu finden.

Die Vorbestätigungstendenz ist etwa bei Urteilen über die «Modernität» der minoischen Kultur, die «Verbürgerlichung» des damaligen Lebens, die «Emanzipation» der «koketten», die Brüste zeigenden Frauen oder die «jugendstilartige» Kunst jener Zeit anzutreffen. Derartige Urteile beanspruchen in der Regel zwar nicht wissenschaftliche Exaktheit. Sie haben eher den Sinn einer subjektiv-impressionistischen Deutung. Trotzdem sind sie geeignet, falsche Vorstellungen zu wecken. Man spricht vom Charme der berühmten «Pariserin» und vergißt, dass sie, wie der Kultknoten im Nacken zeigt, Priesterin, möglicherweise sogar Göttin gewesen ist. Eine unstatthaft modernisierende Betrachtungsweise liegt auch vor, wenn die außer Frage stehende minoische Thalassokratie (Seeherrschaft) mit derjenigen Englands verglichen wird. Wenn Nikolaos Platon ausführt, die Hauptelemente der minoischen Blüte seien in allen Lebensbereichen, im politischen, sozialen, wirtschaftlichen, religiösen, öffentlichen und privaten Sektor sowie in der Kunst festzustellen, so bildet das hinsichtlich des politischen und sozioökonomischen Systems angesichts der vom selben Schriftsteller zutreffend hervorgehobenen theokratischen Struktur des damaligen Kreta zumindest eine Übertreibung.

Das minoische Kreta war in seiner Blütezeit zweifelsohne ein für die Begriffe jener Epoche florierendes Seehandelszentrum. Wer aber waren die Nutznießer seines Reichtums? Minos – der Name, der möglicherweise (auch?) ein Herrschertitel wie Pharao war, wird hier zur Bezeichnung des Inhabers der königlichen Gewalt benützt – war ein absoluter Monarch. Seine Theokratie war mit einer sozialen Hierarchie eng verknüpft, deren nähere Struktur wir wegen der Dürftigkeit der Zeugnisse nicht kennen. Gab es Sklaven, wie vereinzelte Forscher annehmen? Selbst jene Autoren, die das Moment des «inneren Friedens» in der minoischen Gesellschaft mit Nachdruck betonen, gehen davon aus, daß verschiedene soziale Schichten bestanden und daß sich in den Palastzentren Kretas «großer Reichtum» ansammelte. Die Forschungsergebnisse betreffend die ländlichen Gegenden entwerfen ein ärmliches, ja primitives Bild. Gournia, das «minoische Pompeji», die Ortschaft, welche in modernisierender Betrachtung als «Vorläufer europäischen bürgerlichen Lebens» bezeichnet wird, vermittelt uns mit seinen «Liliputanerbehausungen» ein Bild, das zum Palast von Knossos stark kontrastiert. Es war eben ein Pompeji der einfachen Leute.

Auch nach der – allerdings immer noch den Gegenstand leidenschaftlicher Diskussionen bildenden – unter Mitwirkung des Gräzisten John Chadwick abgeschlossenen Entzifferung der geheimnisvollen Linearschrift B durch den Architekten Michael Ventris (1922–1956) bleibt das minoische Kreta in mancher Beziehung ein Rätsel. Dermassen ein Rätsel, daß der «Außenseiter» Hans Georg Wunderlich («Wohin der Stier Europa trug») mit nicht überzeugenden, aber manche Ungereimtheit der traditionellen Kreta-Auffassung dennoch aufhellenden Argumenten zum Schluß hat kommen können, das Labyrinth sei ein Totenhaus, ein «Totenpalast» gewesen! Das Sensationelle bei der Entzifferung der Linearschrift B lag darin, daß sich die Sprache, in der die betreffenden Schrifttafeln abgefaßt waren, als Griechisch erwies. War also auf dem minoischen Kreta schon griechisch gesprochen worden? Das wollte und will noch immer manchem im Geiste des klassizistischen Humanismus großgewordenen Altertumsforscher angesichts der «so völlig andersartigen, dem Griechischen fremden minoischen Kultur» nicht oder nicht so ganz in den Kopf. Die von Schadewaldt zu Recht kritisierte «reine Abstraktion», *der* Grieche, etwa der «blondgelockte Hellene», verbot und verbietet es nach der klassizistisch orientierten Schau der Dinge, die braunhäutigen und dunkelhaarigen minoischen Kreter in die griechische Geschichte einzubeziehen. Diese müßte dann fast ein Jahrtausend früher begonnen haben, und das paßt nicht ins Schema des klassizistischen Humanismus.

Das Rätsel Kreta verwirrt sogar manchen griechischen Wissenschafter, obschon man im modernen Hellas schon aus «nationalen Gründen» auf die Vordatierung des Beginns der griechischen Geschichte um beinahe 1000 Jahre stolz ist. Dimitrios Theocharis zum Beispiel meint im bereits erwähnten ersten Band der «Geschichte der hellenischen Nation», daß für die mittelhelladische Periode (1900–1600 v.Chr.) die Benützung des Wortes «Hellenen» einen Anachronismus bilde. Vorzuziehen sei der Terminus «Griechischsprachige» oder «Protohellenen». Doch der griechische Geist stamme sicherlich nicht von den barbarischen «Indoeuropäern». Das «erste griechische Wunder», die «kretisch-mykenische Kultur», wäre nach Theocharis ohne den «wohltuenden Atem der mediterranen, vor allem der minoischen, Kultur» undenkbar gewesen.

Nach der an Boden gewinnenden, doch den Nebel unserer Unkenntnis nicht restlos spaltenden Theorie Spyridon Marinatos' (1901–1974) soll die in unserer Zeit vielfach mit modernisierenden und idealisierenden Augen gesehene minoische Kultur dem katastrophalen Auseinanderbersten der Vulkaninsel Thera (Santorin, Abb. 53, 56, 57, 60, 61, 62) zum Opfer gefallen sein. Gemäß Nikolaos Platon sollen zwei Explosionen stattgefunden haben, von denen die zweite (um 1450 v.Chr.) vernichtende Folgen gehabt habe. Wie dem auch sei, vor dem Hintergrund der untergegangenen minoischen Welt erscheint die mykenische Zeit (1600–1100 v.Chr.) eher als eine Art «griechisches Mittelalter». Nur vor dem minoischen Hintergrund? 1828, also bevor Heinrich Schliemann (1822–1890) in Mykene 1876 den Spaten ansetzte, meinten die Mitglieder einer französischen Morea-Expedition, das zwischen Steingeröll hervorragende Löwentor sei ein Werk des Mittelalters. Und bevor der «arme Junge, der einen Schatz fand» (C.W.Ceram), seine Grabung in Tiryns (Abb. 30) vornahm (1884–85), hielt man die dortigen Mauern für Reste aus dem Mittelalter.

Und dennoch. Trotz der Strenge des Burghügels Mykene (Abb. 15), welche durch die Kargheit der Landschaft noch akzentuiert wird, trotz der zur minoischen «Grazie» kontrastierenden Härte der mykenischen Kultur hat die Welt der Achaier, nicht zuletzt dank Homer (8. Jh. v.Chr.), den traditionellen Humanismus weitgehend geprägt. Die Achaier mögen in dieser oder jener Beziehung – auf die Kontroverse zwischen Arthur Evans und Alan J. B. Wace (1879–1957) braucht hier nicht eingegangen zu werden – gelehrige Schüler der minoischen Kreter gewesen sein. Der «typische» Achaier war aber im Gegensatz zum – freilich überzeichneten – «friedlichen Idealminoer», der dank der Thalassokratie ohne Festungsmauern auskam, eine ausgesprochene Kriegernatur, ein selbstsicherer und mutiger, aber der Rücksichts- und Maßlosigkeit fähiger Mann. Er war der «heroische Mensch» im Sinne Jacob Burckhardts (1818–1897) («Griechische Kulturgeschichte»), der Mensch, dessen eigentlicher Wunsch ewige Jugend und Göttergleichheit war. Letzteres erklärt die Faszination, welche der in der homerischen Dichtung der mykenischen Adelsgesellschaft zugeschriebene Götter- und Heroenmythos – die Religion der Achaier war in Wirklichkeit in manchem Punkte anders – auf die Träger eines aufklärerischen Humanismus hat ausüben können.

Homers «mykenische» Welt – das wurde schon angedeutet – war weitgehend anachronistisch, somit in beträchtlichem Ausmaß diejenige der im Zuge weitreichender Bevölkerungsumschichtungen in der Zeitspanne von 1100–700 v. Chr. erfolgten «nationalen und politischen Umgestaltung» Griechenlands. Gemessen an der idealisierten Epoche des «goldenen Mykene» erscheint diese Periode wiederum als «finster». Jacob Burckhardt, der das Zeitalter des «kolonialen und agonalen Menschen» sich vom Abschluß der dorischen Wanderung «bis fast zum Ende des 6. Jahrhunderts» erstrecken sieht, bemerkt, daß man diese Periode «gewissermaßen ein griechisches Mittelalter nennen könnte». Legt man im Sinne eines Notbehelfs – jede Einteilung ist willkürlich – die Unterscheidung zwischen «archaischem» (1100–479 v.Chr.) und «klassischem» Griechentum (479–336 v.Chr.) zugrunde, so zeigen bereits die Attribute, daß vor allem letzteres Hellas der Verehrungsgegenstand des klassizistischen Humanismus gewesen ist, während die «archaische» Periode sowohl wegen ihrer religiös-mythischen Charakterzüge als auch wegen jener in ihr vorkommenden Elemente, die an die «naive» oder «abstrakte» Kunst der Gegenwart erinnern, nicht selten von den Verfechtern irrationaler oder antirationaler Lehren positiv gewürdigt wird.

Ohne das «archaische» kann freilich das «klassische» Land der Griechen nicht verstanden werden, und jenes wiederum nicht ohne dieses. In diesem Sinne ist zum Beispiel die Geschichte der antiken Kulturstätte Olympia (Abb. 8, 9, 26, 27, 33, 35, 39), dessen Spiele die andernorts stattfindenden Sportwettkämpfe, etwa diejenigen Nemeas (Abb. 28), an Bedeutung weitgehend übertrafen, ein unteilbares Ganzes. Der älteste Kult im heiligen Bereich datiert vom 2. Jahrtausend v.Chr. Seine eigentlichen Ursprünge bleiben aber im Dunkel. Als der Tempel des olympischen Zeus (Abb. 26), nach dem Initiator der Ausgrabung der Altis von Olympia, Ernst Curtius (1814–1896), «ein Muster des strengen Stils dorischer Ordnung», aus dem Muschelkalk (Abb. 27), der im Alpheiostale bricht, im 5. Jahrhundert v.Chr. errichtet wurde, war Olympia schon längst Schauplatz der Olympischen Spiele und somit die «einzige Stätte der ganz allgemeinen griechischen Publizität» (Jacob Burckhardt). Diese Funktion verdrängte mit der Zeit denn auch den kultischen Charakter, was nicht zuletzt mit der Loslösung vom überlieferten Mythos zusammenhing. In der Zeit der Siegeslieder (Epinikien) des Lyrikers Simonides (um 556–um 468 v.Chr.), des berühmten Sohnes von Keos (Kea) (Abb. 16, 17), jener Kykladeninsel, die schon in der Epoche der Minoer, aber auch später, etwa in derjenigen Venedigs, namhaft war, nährte sich das Kampfgeschehen noch von der Überlieferung des Mythos. An die Stelle der Sehnsucht nach Ruhm trat im Zuge des schon im 4. Jahrhundert v. Chr. begonnenen Niedergangs der Olympischen Spiele ein sich immer mehr korrumpierendes Berufsathletentum – ein Zustand, den mancher Romantiker der «Olympischen Idee» unserer Zeit nicht selten vergißt.

Nicht nur in Olympia, sondern auch in Delphi (Abb. 14) fühlten sich Athener und Spartaner, Thebaner und Korinther, Ionier und Dorier als Hellenen. Vielfältig waren die lokalen Kulte, in denen Apollon verehrt wurde. Ein Zeugnis davon stellt etwa der besonders gut erhaltene, im 5. Jahrhundert v.Chr. angeblich von Iktinos erbaute Tempel in Bassai (Abb. 40) dar, ein Beispiel dorisch-ionisch-korinthischer Stilmischung; hier soll erstmals das korinthische Kapitell aufgetaucht sein, das später gleichsam zum Wahrzeichen des Olympeion (Abb. 10) geworden ist. Doch in Delphi erlangte der Apollon-Kult besondere Würde. Der Gott, den nach dem Mythos Leto auf der Insel Delos (Abb. 32) gebar, soll, nachdem er den felsigen Ort Delphi erobert hatte, seine ersten Priester folgendermaßen erwählt haben: «Es waren Männer aus Kreta auf einem Schiff nach Griechenland unterwegs. Da schnellte sich Apollon in der Gestalt eines Delphins auf das Schiff, legte sich mit Riesenleib darauf und richtete die Fahrt nach Krisa, dem Hafen von Delphi. Dort angekommen, sprang er wie ein funkelnder Stern vom Schiff geradewegs in seinen Tempel, kam von dorther als Jüngling mit langen Haaren zu den erschrockenen Kretern und weihte sie zu seinen Priestern.» (Karl Kerényi, «Die Mythologie der Griechen».) Eine Verbindung von Delphi zum minoischen Kreta. Steckt hinter dem Mythos Historisches?

In jener Zeit der Antike, in der der Mythos noch lebendig war, war auch die Autorität von Delphi groß. Doch hinter dem pythischen Gott, dem herrlichen lichtvollen Apollon, verbargen sich Menschen mit allzumenschlichen Eigenschaften. «Zu Delphi», schreibt Fritz Schachermeyr in seiner «Griechischen Geschichte», «waltete ständig eine eigene, berufsmäßige Priesterschaft, ja der Kultort stellte durchaus eine exterritoriale Tempelherrschaft dar, denen des Orients fast vergleichbar. Keinem Staate untertan, war er ein Staat der Priester, des Gottes. Außerdem hatte man sich noch einen Bund anderer Staaten, eine Amphiktyonie, zum Schutze der eigenen Theokratie geschaffen. Unabhängig stand man so über dem Kleinstadtgewimmel und vermochte sich weit darüber zu erheben. Damit wurde der Gott aus einem weissagenden auch zu einem weisenden. Delphi pries sich als Born der Weisheit, als Urheber von Weisheitssprüchen, ja einer darauf sich gründenden Sittenlehre. Delphi wurde vor allem aber auch maßgeblich in der gesamten Politik. Es wies das Recht und die Ordnung, bestimmte die Plätze für die Gründung von Kolonien, gab Verfassungen und strafte frevelnde Staaten. In Wahrheit waren es freilich die Priester, welche für Apollon im Sinn einer geistig-politischen Oberaufsicht walteten.»

In Anbetracht des machtpolitischen Hintergrunds der Aktivität der Kultstätte ist es nicht verwunderlich, daß zum Beispiel Sophokles in seinem Ödipus gegenüber den delphischen Orakelsprüchen eine distanzierte Haltung einnahm. Um so paradoxer erscheint die idealisierende Betrachtungsweise vieler im Geiste des traditionellen Humanismus großgewordener Antikeverehrer der neueren Zeit. In Delphi, schrieb Ernst Curtius, «waren die Griechen in einem ewigen Suchen begriffen. Sie hatten ja kein überliefertes Gesetz, ihnen war kein fester Maßstab gegeben, um Recht und Unrecht zu unterscheiden; sie konnten also, ihrem Gewissen folgend, nur herausfühlen, was gut oder nicht gut sei... Der lautere Gott verlangte ein lauteres Herz und trat mit strengem Ernste allen Schwächen des hellenischen Charakters, dem Hange zur Intrige, der Selbstsucht und Untreue entgegen.» Und der griechische Dichter Angelos Sikelianos (1884–1951) versuchte in Zusammenarbeit mit seiner Frau Eva, geb. Kotland, einer amerikanischen Archäologin, die «Delphische Idee» wieder auferstehen zu lassen – eine großartige, aber in der von Sikelianos gewählten Form von Anfang an den Keim des Scheiterns enthaltende Vision.

Das Kleinstadtgewimmel, von dem Schachermeyr spricht, waren die Poleis, deren Wesen Jacob Burckhardt, trotz mancher Überzeichnung in dieser oder jener Richtung, meisterhaft beschrieben hat. Im Gegensatz zu den neueren Zeiten, in denen sich mancherorts eine Entfremdung des Individuums vom Staat bemerkbar macht, war der Hellene mit seiner Polis eng verbunden. Nicht von ungefähr nannte Aristoteles den Menschen überhaupt ein zoon politikon, ein in der Gemeinschaft lebendes Wesen. Der griechische Stadtstaat ging vom Ganzen, nicht vom Individuum aus. Freilich war die Poleis-Welt vielfältig. Spartas (Abb. 6, 12) streng hierarchische Struktur (kriegerische Herrscherschicht, Heloten, Periöken), für die schon in der Antike autoritäre Geister Sympathien hegten, kontrastierte in vielen Hinsichten zum Stadtstaat Athen (Frontispiz, Abb. 4). Die inhumane «spartanische Erbpflege» (Hans F. K. Günther, «Lebensgeschichte des Hellenischen Volkes») begeisterte in der Zeit des Nationalsozialismus manchen «Rassentheoretiker», und heute noch empfinden gewisse Exponenten der sogenannten «neuen Rechten» in Frankreich eine unverkennbare Affinität zur «Eugenetik» Spartas. Athens Demokratie der perikleischen Zeit hingegen wurde zum Symbol humanistischer und somit auch humaner Welt- und Lebensauffassung.

In gewissem Sinne nicht zu Unrecht. In welchem Sinne aber? Die in der Zeit der «Ein-Mann-Demokratie» – nach Thukydides war das damalige Athen «dem Namen nach Demokratie, in Wahrheit die Herrschaft des ersten Mannes» – dank Perikles (bald nach 500 v. Chr.–429 v. Chr.) und hervorragenden Künstlern entstandenen Werke, vor allem natürlich der Parthenon (Frontispiz, Abb. 4), aber auch andere, wie zum Beispiel der Poseidon-Tempel auf Kap Sunion (Abb. 7), zielten, selbst in den Götterdarstellungen, auf den Menschen. So bildeten etwa die Parthenonskulpturen unter diesem Gesichtspunkt eine Art Selbstdarstellung des Demos. Werner Fuchs trifft den Kern der Sache mit der sich auf die Plastik der klassischen Athener Zeit beziehenden Feststellung: «Es ist für mich kein Zweifel, daß Voraussetzung für diese Gestaltung des freien Menschen in der Kunst das politische Streben der freien und gleichen Bürger, kurzum die Einrichtung der attischen Demokratie ist, die wesentlich auf der politischen Handlungsfähigkeit von Gleichen beruht.»

Formal gesehen kontrastierte diese Kunst stark zum «archaischen» Stil, wie er sich etwa auf Naxos (Abb. 21, 25), insbesondere beim Kuros-Typus (Abb. 21), entwickelt hatte. Leitet sich der ambivalente, sowohl Mensch wie Götterstatue darstellende Kuros-Typus von orientalischen Vorbildern her, wobei allerdings die «archaische» Plastik der Griechen in der Funktionalität der Formen derjenigen des Orients und Ägyptens überlegen ist, so vollziehen die Athener Künstler in schöpferischer Eigenständigkeit die Vermenschlichung der Götter. Der Satz des Protagoras (5. Jahrhundert v. Chr.) «Aller Dinge Maß ist der Mensch, der seienden, daß sie sind, der nicht seienden, daß sie nicht sind» (so die deutsche Übertragung Albin Leskys in der «Geschichte der griechischen Literatur») findet auch in der Kunst seinen Ausdruck. Nicht zuletzt diese Konstellation in Inhalt und Form führte selbst einen stark historisch (und zwar historisch im Sinne der maßgebenden Bedeutung der Produktionsverhältnisse für die geschichtliche Entwicklung) orientierten Denker wie Karl Marx dazu, in seiner «Einleitung [zur Kritik der politischen Ökonomie]» zu unterstreichen, daß die griechische Kunst, die «an gewisse gesellschaftliche Entwicklungsformen geknüpft» sei, uns noch Kunstgenuß gewähre und in gewisser Beziehung als Norm und unerreichbares Muster gelte. Eine bemerkenswerte Feststellung, die im übrigen, wie Peter Demetz in seinem Buch «Marx, Engels und die Dichter» zutreffend hervorhebt, einen Versuch der Mischung und Vereinigung disparater Elemente (ökonomische Theorie und traditionelles Werturteil) darstellt und deshalb den Verfechtern des sogenannten «sozialistischen Realismus», etwa Gerhard Zinserling («Bemerkungen zur weltanschaulichen Bewertung der Kunst des perikleischen Athen», in: «Der Mensch als Maß der Dinge»), zu schaffen macht.

Nicht nur wegen der «Herrschaft des ersten Mannes», sondern auch in anderen Hinsichten war das perikleische Athen nur sehr bedingt eine Demokratie. Die Isonomie galt nur für die Bürger, nicht auch für die – das Bürgerrecht nicht besitzenden – Metöken und freilich auch nicht für die zahlreichen Sklaven. Die Frau war stark benachteiligt. Innerhalb der Bürgerschaft gab es zum Teil krasse soziale Unterschiede. Zudem war die Kehrseite der Polisdemokratie Athens die Unterdrückung und Ausbeutung der Bundesgenossen. Der Niedergang der wirtschaftlich und kulturell blühenden Insel Ägina (Abb. 23, 36) geht nicht zuletzt auf den Athener Imperialismus zurück. Was Jacob Burckhardt für die Polis schlechthin schreibt, gilt auch für Athen: «Menschenrechte gibt es im Altertum überhaupt nicht.» Das geschriebene «positive Recht» war trotz etlichen interessanten institutionellen Ansätzen verhältnismäßig weniger entwickelt als das oft mit dem Mythos verknüpfte Brauchtum bzw. das von der Philosophie kräftig befruchtete «Rechtsdenken». In gewissen Beziehungen scheint das Recht von Gortyn (Abb. 19) entwickelter und «fortschrittlicher» gewesen zu sein als dasjenige Athens. Trotz der Existenz vielfältiger Verträge zwischen den Poleis gab es kein Völkerrecht im heutigen Sinne des Wortes. «Je fieberhafter... mit dem 5. Jahrhundert das Leben innerhalb der Poleis sich gestaltete, desto unsicherer die Verträge; mehr und mehr wurde der einzelne Staat sich bewußt, daß alle andern seine Lebenskonkurrenten seien, und benahm sich jetzt erst recht danach, so daß die Zeit der höchsten Kulturblüte auch die der griechischen Exekutionen ist.» (Jacob Burckhardt.) Für den Antagonismus zwischen den «Lebenskonkurrenten» ist beispielsweise das traurige Schicksal der Messenier aufschlußreich, die das Unglück hatten, die Spartaner als Nachbarn zu haben, und deren Hauptstadt Messene (Abb. 22) nach wiederholten Bezwingungen Messeniens durch Sparta mit fremder Hilfe als Bollwerk gegen dieses gegründet wurde.

Auch Tegea (Abb. 18, 29) war oft Ziel von Spartas Expansion. Die Olympischen Spiele und die Institution der delphischen Amphiktyonie oder Amphiktionie – schon die umstrittene Orthographie zeigt die Problematik der Materie – sicherten bestenfalls Friedenspausen. Wie Pierre Amandry richtig betont, hatte die delphische Amphiktyonie (Amphiktionie) religiösen Charakter und war schon bei ihrer Bildung «anachronistisch». Als Vorläuferin heutiger Institutionen wie etwa des Europarates kann sie nur cum grano salis bezeichnet werden.

Wenn Athen trotz den erwähnten Einschränkungen nicht ganz zu Unrecht als «Geburtsstätte der Demokratie» gilt, so ist dies nicht nur dem Umstand zuzuschreiben, daß die attische Vollbürgerschaft immerhin eine nicht zu unterschätzende Rolle spielte, sondern nicht zuletzt auch Denkern wie Protagoras zu verdanken, welche den Menschen in den Mittelpunkt ihrer Betrachtungsweise stellten. Platons Staats- und Gerechtigkeitslehre hingegen, die wegen ihrer außer Frage stehenden intellektuellen Potenz im Rahmen der humanistischen Tradition eine große Rolle spielte und immer noch spielt, war in ihrem Wesen autoritär-antidemokratisch. In diesem Sinne gehört Platon zu den «Feinden der offenen Gesellschaft» (Karl R. Popper). Von seiner – was mancher Vertreter des deutschen Idealismus übersah – hypostasierten Idee des Guten ausgehend, kommt der große Denker der Antike in der «Politeia» zu einem streng hierarchisch gegliederten (Erwerbs-, Wächter- und Herrscherstand) Staatsgebilde, das er zum Inbegriff des besten Staates erhebt. Das Gleichbehandlungsmoment, das die Substanz der Gerechtigkeit ausmacht, schiebt der Philosoph beiseite, indem er den Satz «jeder das Seine *tun*» prägt.

Außerdem vermengt Platon die rationale mit der mythisch-mystischen Betrachtungsweise. Es ist unter diesem Gesichtspunkt nicht zufällig, daß er in seinen «Gesetzen» an die bei Homer anzutreffende Sage von Minos, dem «novennalen» Vertrauten des Zeus, anknüpft – also von jenem absoluten Herrscher, dessen Ruhm nach der idealisierenden Tradition in der «vollkommenen Rechtspflege» begründet war. Nicht zufällig ist es auch, daß in der Staatsdoktrin Platons der delphische Apollon eine wichtige Stellung innehat. «Der große Sophist Protagoras hatte gelehrt, das Maß von allem, womit wir umgehen, sei der Mensch. Nach dieser Formel hat sich Europa in der neuzeitlichen Phase seiner Entwicklung gerichtet. Platon stellt ihr den Satz entgegen: „Das Maß für alles, womit wir umgehen, ist Gott." Dieser Satz ist die Summe der platonischen Philosophie, denn „Theós" ist Platons Name für die Idee des Guten. Er enthält aber zugleich die Quintessenz der delphischen Religion.» (Georg Picht, «Die Botschaft von Delphi und die Einheit der europäischen Kultur», in: «Die Delphische Idee und Europa».) Der Tradition vom «gerechten» Minos widerspricht die These der Tragiker, welche gemäß Plutarch von der Bühne herab Minos mit Verachtung überschütteten, als wäre er ein harter und grausamer Mensch gewesen. In der Haltung der Tragiker kommt nicht nur die Erinnerung an Theseus und den Minotauros zum Ausdruck, sondern auch die Volksnähe der altgriechischen Tragödie. Im Theater (Abb. 3, 13, 38), das Platz für Tausende von Zuschauern hatte, fühlte sich der Grieche wie in einer zweiten Agora.

Für das humanistische Denken war das Menschenbild der griechischen Antike, insbesondere dasjenige der weitgehend an die ionische Naturphilosophie anknüpfenden sophistischen Aufklärung in Athen, von großer Bedeutung. Doch das hellenische Humanitätsideal war schon aus dem Grunde mangelhaft, weil es in der Regel die Sklaven und die «Barbaren» ausschloß. Sieht man von vereinzelten, aber bedeutenden Denkanstößen – etwa denjenigen des Sophisten Antiphon – in der Richtung der natürlichen Gleichheit aller Menschen ab, so ist der «Kosmopolitismus» erst in der Zeit des Hellenismus zum Durchbruch gekommen, in jener Zeit also, welche mit dem historischen Werk der von Johann Gustav Droysen (1808–1884) erstmals eingehend gewürdigten Persönlichkeit Alexanders des Großen verknüpft ist und deren Beginn mit dessen Tod zusammenfällt. Wie schon die «panhellenische» Politik Philipps II. (356–336 v.Chr.), dessen zweifellos hervorragende Persönlichkeit die sensationellen Entdeckungen des griechischen Archäologen Manolis Andronikos in Vergina in den Mittelpunkt des Interesses einer breiteren Öffentlichkeit rückte, stets mit makedonischem Machtstreben verknüpft war, wies allerdings auch die «zivilisatorische Leistung» Alexanders unter dem Gesichtspunkt des Humanitätsideals viel Fragwürdiges auf. Wie die Bezeichnung der betreffenden

Kulturepoche zum Ausdruck bringt, drang in der hellenistischen Zeit das Griechentum in die östlichen Länder ein, und es vollzog sich eine starke Vermischung griechischen und orientalischen Wesens. Doch die Bildung der hellenistischen Weltkultur war mit machtpolitischem Übermut der Hellenen bzw. Alexanders des Großen verbunden – eine Erscheinung, die in vielen Hinsichten die Gedanken Jacob Burckhardts (in den «Weltgeschichtlichen Betrachtungen») über die historische Größe rechtfertigt.

Vor dem Hintergrund der Machtpolitik, die in der Zeit der Diadochen Alexanders besonders akzentuiert wurde, erscheint die stoische Naturrechtslehre, ein echtes Kind des Hellenismus, weitgehend als eine Utopie. Die Stoiker versuchten Natur, Vernunft, Ethos und Recht miteinander zu verbinden. Sie gelangten somit zu einer betont optimistischen «kosmopolitischen» Auffassung. Nach der Vision Zenons (333[2]–262 v.Chr.) sollte ein Weltstaat im Maßstab des Alexanderreiches entstehen, in dem gleiches Recht für alle herrschen würde. Zumindest im frühen Stadium der Entwicklung wandte sich die Stoa an die «kleinen Leute» und unterstützte diese in ihrem Kampf gegen die Privilegierten. Auf die Machtverhältnisse ihrer Zeit haben die Stoiker aber keinen entscheidenden Einfluß ausüben können. Für jene Epoche, die «auf ganz einmalige Art und Weise die Zeit der Pakte und Verträge gewesen» ist, stellt Carl Schneider in seiner «Kulturgeschichte des Hellenismus» fest: «Das Neben-, Gegen- und Durcheinander der Völker und Staaten führte zu so vielen Komplikationen, daß der Zwang zu einer irgendwie gearteten völkerrechtlichen Lösung von selbst gegeben war. Freilich blieb vieles in den Ansätzen stecken, und nicht einmal der primitivste Satz allen Völkerrechtes, „pacta servanda sunt", ist befolgt worden.» Unter diesem Gesichtspunkt war der epikureische Leitsatz «Lebe im Verborgenen!» wohl realistischer. Epikur (341–270 v.Chr.) trug den turbulenten Ereignissen der damaligen Zeit Rechnung und empfahl den Menschen, dem politischen Leben den Rücken zu kehren. An die Stelle der politischen Betätigung kam bei den Epikureern die Freundschaft zwischen Gleichgesinnten. Nüchterner war auch die Rechtsauffassung Epikurs, der in seinem Spruch Nummer XXXI – nach der herrschenden Deutung – das Naturrecht auf einen Vertrag zurückführt, dessen Gegenstand darin besteht, die gegenseitige Schädigung zu verhindern. Unter diesem Gesichtspunkt ist es nicht zufällig, daß die epikureische Lehre auf Gelehrte wie Thomas Hobbes (1588–1679) und John Locke (1632–1704) großen Einfluß ausgeübt hat.

Zwischen den stoischen Naturrechtlern und den epikureischen Materialisten bestand trotz allen Meinungsdifferenzen insofern eine geistige Verwandtschaft, als sie beide in mancher Hinsicht mit den Verhältnissen ihrer Zeit nicht zufrieden waren und sich darum bemühten, einem neuen Lebensideal den Weg zu ebnen. Es gab – auch innerhalb der humanistischen Tradition – Zeiten, in denen die Philosophie Epikurs verpönt war. Heute ist mancher Betrachter der Antike bestrebt, dem Philosophen Gerechtigkeit widerfahren zu lassen. In seinem Buch «Epicurus and his Philosophy» hebt Norman Wentworth De Witt hervor, daß die Epikureer in gewissem Sinne christliches Gedankengut antizipiert haben. Das gilt im selben Sinne für die hellenistische Kultur als Ganzes, die zum geistigen Nährboden des Christentums geworden ist. Unter diesem geistig-kulturellen Gesichtspunkt endet der Hellenismus nicht mit der Vollendung der römischen Weltherrschaft (30 v.Chr.), sondern er reicht darüber hinaus. Welches Ereignis das Ende der Antike im Osten markiert, ist eine Frage der notgedrungen willkürlichen geschichtlichen Einteilung. Das griechische Mittelalter umfaßt nach dem Einteilungsschema der in Griechenland gängigen Geschichtsschreibung eine Zeitspanne von mehr als 1000 Jahren. Es handelt sich dabei um die byzantinische Periode, welche etwa mit der Ernennung des von den Griechen gegründeten, am Bosporus gelegenen Byzanz zur Hauptstadt des Römischen Reiches (330 n.Chr.) durch Konstantin den Großen bzw. mit der nach dem Tode Theodosios' erfolgten Teilung des Römischen Imperiums (395 n.Chr.) beginnt. Unter einem anderen Gesichtspunkt könnte man die Schließung der Platonischen Akademie in Athen (529 n.Chr.) durch Kaiser Justinian als Ende der Antike betrachten.

Wie dem auch sei, die byzantinische Periode war kein «goldenes Zeitalter». Es haftete ihr zweifellos etwas Finsteres und Rohes an, was u.a. im Wort «Byzantinismus» zum Ausdruck kommt. Der im Geiste des aufklärerischen Humanismus groß gewordene Westeuropäer neigt deshalb allzu leicht dazu, in Byzanz nur das Moment der «orientalischen Kriecherei» und der «epigonalen Unfruchtbarkeit» zu sehen, was einen weiteren problematischen Aspekt des humanistischen Griechenlandbilds offenbart. Für die heutigen Griechen aber ist Byzanz in mehr als einer Hinsicht das Kind aus der Ehe von Hellas und Christentum. Zwar polemisierte der christliche Hymnendichter Romanos der Melode in der frühbyzantinischen Zeit noch gegen die «prahlenden und sich aufblähenden Griechen». Doch es war der Byzantiner Georgios Gemistos (um 1355[60]–1452), der sich fast ein Jahrtausend später den althellenisch klingenden Namen Plethon zulegte und in Mistra (Mystras) (Abb. 12) eine Akademie gründete, welche eine Renaissance Platons anstrebte. Das Despotat Mistra oder Morea (1262–1461), zu dem auch die starke Festung Monemvasia (Abb. 11), das antike Minoa, gehörte, war ein Hort hellenischen Geistes. Beim Unionskonzil von Ferrara-Florenz (1438/39) trat Plethon mit den italienischen Humanisten in Verbindung. Seine Vorträge in Florenz führten zur Gründung der Platonischen Akademie durch Cosimo de Medici. Plethons Schüler war der Kardinal Bessarion (1403[?]–1472), ebenfalls ein Byzantiner und Humanist, welcher zur Wiederbelebung der klassischen Studien Wichtiges beitrug. «Aus antikem Patriotismus», schreibt Jacob Burckhardt in der «Kultur der Renaissance in Italien», «sammelte der berühmte Grieche Kardinal Bessarion 600 Codices, heidnischen wie christlichen Inhalts, mit ungeheuren Opfern, und suchte nun einen sichern Ort, wohin er sie stiften könne, damit seine unglückliche Heimat, wenn sie je wieder frei würde, ihre verlorene Literatur wieder finden möchte. Die Signorie von Venedig erklärte sich zum Bau eines Lokales bereit, und noch heute bewahrt die Markusbibliothek einen Teil jener Schätze.»

Plethon richtete an Kaiser Manuel II. Paläologos (1391–1425) einen Brief, in dem er ihm die Lage auf der Peloponnes schilderte. Darin findet sich u.a. die vielsagende Feststellung: «Wir sind Hellenen. Dafür zeugen sowohl die Sprache als auch die von den Vätern ererbte Bildung.» So wurde Plethon, wie es Nikos Kazantzakis formulierte, zum «Propheten des neuen Griechenland», jenes Landes der Griechen, das trotz aller Ernüchterung der Philhellenen in unserer Zeit im Zuge eines unkritischen «Humanismus» vom alten Hellas überschattet wird.

3

Säulen im Dionysos-Theater in Athen. Schon im 6. Jh. v. Chr. alte Kultstätte des Dionysos, mit einer ersten, vornehmlich in Holz erbauten Theateranlage. Im 4. Jh. v. Chr. durch eine Stiftung des Lykurg neu gebaut und erweitert.

4

Athen, Akropolis. Blick vom Musenhügel (Museion) auf das Häusermeer des modernen Athen, auf den Parthenon (rechts) und die Propyläen (links). Die antiken Denkmäler sind durch die Abgase der Großstadt ernstlich gefährdet.

Neoklassizistische Statuen im Achilleion auf Korfu – Nachklang von «edler Einfalt und stiller Größe»... Heute sind sie Wächterinnen über das im Schloß eingerichtete Spielkasino.

Römische Gewandstatue (2. Jh. n. Chr.) im Garten des archäologischen Museums von Sparta.

7

Kap Sunion mit Poseidontempel (5. Jh. v. Chr.).

Startschwellen mit doppelter Rillenreihe (Aphesis) im Stadion von Olympia.

Das Leonidaion in Olympia war das ausgedehnteste Gebäude im Heiligtum. Es war im späten 4. Jh. v. Chr. von dem Architekten Leonidas aus Naxos als Herberge für Ehrengäste an den Olympischen Spielen gestiftet und errichtet worden.

Tempel des Zeus-Olympios in Athen. Gestürzte Säule vom hellenistischen Neubau.

Monemvasia (d. h. der einzige Zugang), das «Gibraltar des östlichen Mittelmeers». Blick auf die Oberburg. Das Städtchen selbst liegt am Südhang darunter unmittelbar unter hohen, steil abfallenden Felsen.

Mistra. Blick auf die Ruine des Despotenpalastes und die Talebene des Eurotas mit dem modernen Sparta.

Theater von Epidauros. Blick auf die Orchestra und das Theaterrund (Koilon).

14

Die Tholos in Delphi, ein Rundbau aus Marmor im Heiligtum der Athena Pronoia. Werk des Architekten Theodoros von Phokaia.

15

Blick aus dem Atridenpalast in Mykene.

16

Archaischer Grablöwe auf Kea.

17

Kloster Ajia Marina auf der Insel Kea.

18

Tempel der Athena Alea in Tegea/Arkadien.

Das «Recht von Gortyn» (Kreta), eine in der Mitte des 5. Jh. v. Chr. auf die Wand eines Rundbaus aufgetragene Kodifizierung des Stadtrechts.

20

Im Tempetal in der Nähe der Daphniquelle.

21

Kolossalplastik in den Steinbrüchen bei Apollona auf der Insel Naxos. Archaischer Kuros-Typus.

22

Messene. Einst als Bollwerk gegen Sparta gegründet.

23

Ägina. Arbeiten am Südhang des Aphaiatempels.

Der einstige heilige Ort Eleusis ist heute eine kleine Industriestadt mit Stahlwerken und gehört zum Ballungsraum Athen/Piräus.

Tor des archaischen Apollontempels (gelegentlich auch Dionysostempel genannt) auf der Felseninsel Palati dicht vor Naxos. Vom Tempel (6. Jh. v. Chr.) haben sich Teile des Fundaments erhalten.

26

Olympia. Zeustempel. Südsäulen in Sturzlage.

27

Baumaterial des Zeustempels in Olympia ist ein lokaler Seemuschelkalkstein, der rund 20 km Alpheios-aufwärts in dort anstehenden Bänken gebrochen wurde.

Überreste des Zeustempels in Nemea (4. Jh. v. Chr.).

Ruinen des Tempels der Athena Alea in Tegea.

Tiryns. Südostecke der Festung.

Statuenfragment mit Basisteil vor dem Museum von Eleusis. Eleusis war in der Antike das berühmteste Mysterienheiligtum mit Kult der Göttin Demeter und ihrer Tochter (Kore) Persephone.

Delos. Apollonheiligtum. Phallosdenkmal mit reliefgeschmückter Basis (Dionysischer Festzug). Hellenistisch.

Olympia. Ehrendenkmal für Iulius Athenaios, gestiftet von der Stadt Messene und ihren Bürgern (Ende 1. Jh. n. Chr.).

Reste des minoischen Palastes von Phästos auf Kreta.

Olympia. Gedeckter Laufgang zum Stadion.

36

Auf Ägina.

37

Blick auf Olympia von der Druwa-Höhe her.

38

Theater (Anfang 3. Jh. v. Chr.) des antiken Orakelortes Dodona/Epirus südlich von Jannina.

▷ Spätantike Wasserspeier, diokletianischer Zeit, vom Zeustempel in Olympia.

Apollontempel von Bassai (5. Jh. v. Chr.).

DAS MEER

Mag man gegenüber verabsolutierenden Thesen über den Einfluß der Geographie auf die Entwicklung eines Landes auch berechtigte Skepsis hegen, so kann man doch die enge Verbundenheit des geschichtlichen Schicksals Griechenlands mit dem Meer nicht leugnen. Schon in der Zeit der Thalassokratie der Minoer war diese Verbundenheit evident. Von den bekannten Persönlichkeiten der Überlieferung, berichtet Thukydides, sei Minos der erste, der über eine Flotte verfügt habe. Er habe den größten Teil des heutigen griechischen Meeres beherrscht. Seine Macht habe sich auf die Kykladen erstreckt, und von ihm seien auf den meisten dieser Inseln die ersten Kolonien gegründet worden. Er habe die Karer vertrieben, seine Söhne zu Statthaltern gemacht und, soweit dies möglich gewesen sei, die Meere von den Piraten gesäubert. Durch die Seeherrschaft habe sich Minos seine Einkünfte gesichert.

Das Meer war (und ist) für die Bewohner Griechenlands eine mit Erwartungen und Gefahren verbundene Herausforderung. Stützte sich die Kultur der Minoer aufs Meer, so ging sie, wenn man der Theorie des Archäologen Spyridon Marinatos Glauben schenken will, nicht zuletzt auch in den durch die «minoische Eruption» verursachten gigantischen Fluten des Meeres wieder unter. Das heutige Thera (Abb. 53, 56) sowie die kleineren Inseln Therasia (Abb. 60, 61, 62) und Aspronisi (eigentlich ein Felsen) sind Reste eines bei jenem gewaltigen Ausbruch (1520/1500 v.Chr.?) gesprengten Vulkankegels. Das Meer drang in das kesselartige Kraterbecken (Kaldera = caldera) ein, aus dem heute die Vulkaninseln Paläa Ka[i]meni (= alte verbrannte Insel) und Nea Ka[i]meni [Neai Ka[i]menai] (= neue verbrannte Insel[n]) (Abb. 57) hervorragen. Nicht von ungefähr bezeichnet man jene schreckliche Eruption als «minoisch». Thera war mit dem minoischen Kreta auf Gedeih und Verderb verbunden. Die Ausgrabungen bei Akrotiri, durch welche Freskomalereien höchster Qualität an den Tag gefördert worden sind, haben die kulturelle Präsenz der Minoer auf Thera bestätigt. Die Katastrophe besiegelte die Gemeinsamkeit des Schicksals der beiden Inseln. Das Meer, die einstige Verbindungsbrücke, wurde gleichsam zum gemeinsamen Grab. Die «minoische Eruption» mag den Anlaß zur Entstehung der Legende von der Insel Atlantis gebildet haben, die laut Platon «größer als Asien und Libyen zusammen» gewesen und «9000 Jahre» vorher versunken sein soll. Das «Atlantis-Rätsel» beflügelt, wie etwa das gleichnamige Buch von Charles Berlitz zeigt, immer noch die Phantasie. Die Suche nach dem «versunkenen Kontinent» vermischt sich dabei nicht selten mit der Sehnsucht nach dem «verlorenen Paradies».

Wer die Herausforderung des Meeres annimmt bzw. annehmen muß, sagt auch ja zum Wagnis des Erlebens, Erkennens und Erfahrens. Odysseus, der «vielgewanderte Mann», der «vieler Menschen Städte gesehn und Sitte gelernt hat und auf dem Meere so viel unnennbare Leiden erduldet», ist nicht nur die Verkörperung der List, ja der Arglist, sondern auch der Inbegriff der Lust zum Erkunden. Bei den Sirenen sagt er: «Heißes Verlangen fühlt ich, weiter zu hören, und winkte den Freunden Befehle, meine Bande zu lösen; doch hurtiger ruderten diese.» Johann Heinrich Voss (1751–1826), aus dessen Odyssee-Übertragung hier zitiert wird, übersetzt das griechische Wort polytropos mit «vielgewandert». Aber polytropos schließt auch die Bedeutungen des Vielgewandten, Listigen und Erfahrenen mit ein. *Den* Griechen gibt es sicherlich nicht. Doch wenn es ein paar Gestalten gibt, die uns ermöglichen, ins Wesen des vielfältigen, polyvalenten und widerspruchsvollen Hellenentums im Laufe einer turbulenten jahrtausendelangen Entwicklung einzudringen, so gehört zu ihnen nicht zuletzt Odysseus.

Er symbolisiert das Ringen mit dem Meer – ein Ringen, das zugleich ein Abenteuer des Erlebens im dargelegten Sinne ist. Ziel des Ringens ist die Heimkehr. Doch ist sie es allein? Gewiß, die Heimatliebe ist eine der Kräfte, welche die symbolhafte Gestalt des Odysseus motivieren. Nostalgie ist ein Wort, welches schon etymologisch mit dem nostimon emar (dem Tag der Heimkehr) der Odyssee etwas zu tun hat. Aber nicht minder, ja unter Umständen vielleicht noch mehr, zählt die Reise an und für sich, mag sie auch eine Irrfahrt sein. Dieses Moment akzentuiert und führt Konstantinos Kavafis (1863–1933) in seinem mit dem Namen der Heimatinsel Odysseus' betitelten, von Helmut von den Steinen ins Deutsche übersetzten Gedicht weiter:

«Wenn du zur Fahrt aufbrichst nach Ithaka,
So bete, daß ein weiter Weg es werde
Voller Umschwünge, voller Einsichten.
....
Mögen der Sommermorgen viele sein,
Wo du – oh wie mit Dank, oh wie mit Freude! –
Einfährst in Häfen, die du siehst zum ersten Mal.
....
Behalte stetig Ithaka in deinem Geist.
Die Ankunft dort ist deine Vorbestimmung.
Doch haste mit der Reise nimmermehr.
....
Ithaka schenkte dir die schöne Reise.
Zu ihm allein bist du hinausgefahren.
Verlange andre Gaben nicht von ihm.

Findest du's arm, Ithaka trog dich nicht,
So weise, wie du wurdest, so erfahren,
Erkanntest du nun wohl, was Inseln Ithaka bedeuten.»

In dem von Nikos Kazantzakis verfaßten, 33 333 Verse umfassenden Epos «Odyssee», das dort ansetzt, wo die antike «Odyssee» endet, wird Ithaka sogar zum Ausgangspunkt einer neuen abenteuerlichen Reise. Kazantzakis' Odysseus behagt das ruhige, tatenlose Leben in der Heimat nicht. Der Held dieser «modernen Folge» des alten Epos schifft sich ein, um seine innere Unruhe zu stillen. Nicht mit der Heimkehr endet die «zweite Odyssee», sondern mit dem Tod des Helden. Und diesen Tod setzt der Dichter der Befreiung gleich. Kazantzakis' Odyssee ist durch die Welt- und Lebensanschauung des Dichters stark subjektiv gefärbt. Doch soweit darin das manchmal zu verzweifelter und zugleich befreiender Vereinsamung führende Einzelgängertum zum Ausdruck kommt, illustriert diese Odyssee auch den mitunter ein erstaunliches Ausmaß annehmenden griechischen Individualismus, dessen Ansätze trotz aller Verbundenheit des einzelnen mit der Polis in mancher Beziehung schon im Altertum zu suchen sind und der sich, so paradox das auch erscheinen mag, selbst dann bemerkbar macht, wenn der Grieche in der Masse (Abb. 89) auftritt. Unter den symbolhaften Gestalten, denen Kazantzakis' Odysseus auf seinen Reisen begegnet, figuriert auch der donquichottische Kapetan Enas, der Schwärmereien nachhängende Einzelgänger. Die Jagd der Chimären – nicht von ungefähr geht das Wort auf die altgriechische mythische Chimaira zurück – gehört zum Wesen des hellenischen Kapetan Enas. Dieser kann aber auch, wenn es die Umstände erfordern, kein edler Schwärmer sein, sondern ein mit rücksichtsloser Konsequenz reelle egoistische Ziele verfolgender Mensch. Kein Wunder, daß sich im Laufe der Jahrtausende unzählige Griechen als Seefahrer, Kolonisatoren und Kaufleute hervorgetan haben. Und – nicht zu vergessen – natürlich auch als Piraten. Schon die alte Odyssee hatte ja den Seeraub als Voraussetzung.

«Thalatta, thalatta!» riefen die nach der Schlacht von Kunaxa (401 v. Chr.) heimkehrenden Griechen, als sie das so lange Zeit entbehrte Meer erblickten. «Thalatta» – das ist die attische Form für «thalassa», das Meer. In Kunaxa, einem Ort in Babylonien am linken Ufer des Euphrat, hatte die Schlacht zwischen dem

Jüngeren Kyros und seinem Bruder Artaxerxes II. Mnemon stattgefunden. Auf der Seite des Jüngeren Kyros hatten griechische Hilfstruppen gekämpft. Dank dem Geschichtsschreiber Xenophon (um 430 bis um 354 v. Chr.) und insbesondere seiner Schilderung des kühnen Rückmarsches «der 10 000» an das Schwarze Meer ist dieser Ausruf in die Geschichte eingegangen. Doch trotz aller kommerziellen, kulturellen und politisch-militärischen Verflechtung Griechenlands mit diesem oder jenem «Weltereignis» war und ist für die Griechen vor allem das Ägäische Meer *die* Thalassa. Das Ionische Meer und die «Sieben Inseln» (Eptanisos, Eptanisa) gehörten zwar schon in der Antike zur hellenischen Welt. Hier herrschte ja Odysseus, ob man nun nach der dominierenden Ansicht Ithaka oder – mit Wilhelm Dörpfeld (1853–1940) – Leukas als den Sitz seines Inselreiches ansieht. Aber auf Korfu (Kerkyra) (Abb. 45) und auf anderen Ionischen Inseln wird selbst dem oberflächlichsten Beobachter sofort bewußt, daß hier die Geschichte in der nachbyzantinischen Zeit zum Teil ganz andere Wege gegangen ist als im übrigen Griechenland. Für den Festlandgriechen und den ägäischen Insulaner sind die Sieben Inseln der dem nationalen Charakter nach zwar hellenische, jedoch, was das atmosphärische Kolorit anbelangt, «fränkisch-venezianische» Westen Griechenlands. Etwas anders sieht es der vom Westen her kommende Beobachter, wobei der Kern der Dinge – die Zugehörigkeit der Inseln zur hellenischen Welt – derselbe bleibt: «Kerkyra ist eine sanfte Vorbereitung auf die harten Konturen, die strenge Architektur in der Ägäis, ein erstes einladendes Lächeln für den Ankömmling, aber ein griechisches Lächeln, allenfalls mit einem versteckten venezianischen Zwinkern im Augenwinkel.» (Elisabeth von Dryander, «6 mal Griechenland».)

Im Altertum war die Geschichte der Ägäis mit derjenigen Griechenlands eng verknüpft. Von der Teilung des Römischen Reiches (395 n. Chr.) bis zur Eroberung Konstantinopels durch die Kreuzfahrer (1204) stand das Ägäon Pelagos – so hieß der betreffende Verwaltungsbezirk (Thema) – unter byzantinischer Herrschaft. Aus der Bezeichnung Ägäon Pelagos (Ägäisches Meer) entstand als Verballhornung durch die Teilnehmer des 4. Kreuzzuges der Name Archipelagos (Archipel). Im Wechselspiel politischer, kriegerischer und kommerzieller Machtkämpfe zwischen den Osmanen und Venedig war die Seefahrt im Archipel, wegen des heftigen Meltemi-Windes ohnehin kein leichtes Unterfangen, mit einem beträchtlichen Risiko verbunden. Bei günstiger Witterung dauerte im 17. Jahrhundert n.Chr. die Fahrt von Venedig über Korfu und Cerigo (Kythera/Kythira) nach Kandia (Iraklion) und von dort in den Archipel wenige Wochen, bei schlechtem Wetter aber mehrere Monate. Die Venezianer sahen sich jedoch nicht nur dem Sturm ausgesetzt, sondern trotz ihrer Seeüberlegenheit auch den Angriffen der türkischen Flotte und der Piraten. Viel weniger beneidenswert waren freilich die Griechen, die sich mehrfach in einer «Zweifrontensituation» befanden. In vielen Fällen mußten sie den Osmanen und den Venezianern Tribut zollen, und sie wurden von beiden Mächten nicht selten recht unsanft behandelt. Trotzdem – oder gerade deshalb – nahmen sie oft, wie einst die Kykladengriechen der Delischen Liga, welche den Ruf der besten Mittelsleute des Osthandels genossen, die Herausforderung des Meeres an. Die Grenzen zwischen friedlichem Seehandel, Piraterie und Widerstand gegen die Eroberer waren dabei fließend.

Als in der Nacht zum 25. Juni 1645 die türkische Invasion auf Kreta begann, waren im ägäischen Raum – im weiteren, über den Archipel-Begriff hinausgehenden Sinn des Wortes – außer dieser Insel nur noch Kythera (Kythira/Cerigo), das Inselchen Antikythera (Antikythira/Cerigotto) und Tinos (Abb. 41), heute bekannt als Wallfahrtsort, damals ein Stützpunkt, unter venezianischer Herrschaft. Kythera und Antikythera sicherten die Verbindung von der «Metropole» nach Kreta, zumal Venedig die Ionischen Inseln beherrschte. Die einst dem Herzogtum Naxos (Abb. 48, 51, 54) angehörenden Inseln des Archipels waren, mit Ausnahme von Tinos, dem Osmanischen Reich einverleibt. Doch die Pforte, welche nur an strategisch wichtigen Orten (etwa auf Lemnos, Tenedos, Chios, Rhodos und Euböa) ständige Garnisonen unterhalten konnte, ließ manche griechisch-lateinische Institution weiterbestehen. Das eröffnete den Inselbewohnern bis zu einem gewissen Grade – die Verhältnisse waren komplex und differierten von Ort zu Ort – die Möglichkeit der Selbstverwaltung. Der griechische Historiker Apostolos Vakalopoulos unterstreicht im betreffenden Abschnitt der «Geschichte der hellenischen Nation», daß es den Kykladengriechen in jener Zeit gelungen ist, «verschiedene politische und richterliche Privilegien zu erlangen». Freilich war jene – nicht zu verabsolutierende – Selbstverwaltung mit dem durch die Osmanen nicht abgeschafften Feudalsystem eng verknüpft. Anfang des 17. Jahrhunderts war zum Beispiel die Bevölkerung von Tinos in die wenigen feudatarii (Feudalherren) einerseits und in die vielen Besitzlosen (senza feudo) andererseits eingeteilt (Ermanno Armao, Venezia in Oriente. La «Relatione dell' Isola et Città di Tine di Pompeo Ferrari, gentil'huomo piacentino», Roma 1938–XVI). Das Feudalsystem hinterließ auch bei der näheren Ausgestaltung der Lokalverwaltung seine Spuren. So gab es zum Beispiel auf Naxos nach 1621 entsprechend der Sozialschichtung drei verschiedene Gemeinden (Koina).

Es versteht sich, daß die sozialen Gegensätze den religiösen und nationalen Antagonismus in der bunten ägäischen Welt jener Zeit nur verschärften. Ein nicht unwichtiger Aspekt dieses Antagonismus offenbarte sich in der – trotz allen ökumenischen Bestrebungen heute noch, wenn auch meistens nur unterschwellig und in bedeutend beschränkterem Ausmaß, virulenten – Problematik des Verhältnisses zwischen «Lateinern» und «Griechen». Tinos, das erst im Jahre 1715 dem Osmanischen Reich einverleibt wurde, bietet ein typisches Beispiel dafür. Am 16. Februar 1832 – die Insel gehörte schon zum wiedererstandenen Griechenland – schrieb der Philologe und Pädagoge Friedrich Wilhelm Thiersch (1784–1860), einer der bekanntesten Vertreter des Neuhumanismus, über die damaligen dortigen Verhältnisse: «In Tinos fanden wir, wie überall, gastfreundliche Aufnahme, verweilten aber nur zwei Tage dort, denn unser Plan war, womöglich alle Inseln des Archipelagos, welche durch Altertum oder durch ihre Erzeugnisse merkwürdig sind, der Reihe nach zu besuchen. Tinos ist die am besten und sorgfältigsten angebaute von allen, ihre sehr steinigen Berge, vom Fuß bis zum Gipfel mit Terrassen für Getreide und Wein bedeckt, ihr Inneres mit Ortschaften angefüllt. Doch leidet sie an alter Feindschaft der Lateiner, welche eigene Dörfer und von den venezianischen Zeiten her die besten Fluren besitzen, und der griechischen Christen, zu welcher in neuerer Zeit die politische Spaltung durch das System der Regierung gekommen ist, mit einem Fanatismus, welcher dem religiösen fast gleichkommt.» (Heinrich W. J. Thiersch, «Friedrich Thiersch's Leben».)

In der Zeit der venezianischen bzw. türkischen Herrschaft entfalteten die Ägäis-Griechen, welche den Archipel wie ihre eigene Hosentasche kannten, eine immer regere Tätigkeit in Handel, Seefahrt und mitunter auch Piraterie. Sie benützten dabei meistens schnelle und leichte Schiffe, so zum Beispiel von einem bestimmten Zeitpunkt an mit Vorliebe die sogenannten Parones oder Brikia. Diese Ausdrücke werden im Griechischen gewöhnlich zur Bezeichnung zweimastiger Schnellsegler der Form der Brigg oder der Brigantine (brigantino [italienisch]: «Raubschiff») verwendet. Die Benützung derartiger Schiffe ermöglichte es den Ägäis-Griechen, nicht zuletzt bei der Piratenaktivität, flexibel zu sein und aus den Tücken «ihres» Meeres (Wind, Strömungen, Untiefen, Höhlen und Klippen) im Kräftemessen mit ihren Konkurrenten bzw. Feinden Vorteile zu erzielen. Das machte sich buchstäblich bezahlt. Vor allem in der zweiten Hälfte des 18. Jahrhunderts wurden die wirtschaftlichen Folgen der Aktivität der Seefahrer besonders evident, wozu außer der bereits erwähnten Selbstverwaltung der Gemeinden auch der Friedensvertrag von Kütschük Kainardsche (21. 7. 1774) beitrug. Dieser Vertrag, der dem Türkenkrieg Rußlands der Jahre 1768–1774 ein Ende setzte und durch den die Russen die freie Schiffahrt im Schwarzen Meer, die freie Durchfahrt zum Mittelmeer und bedeutende Handelsvergünstigungen erhielten, gab dem Seehandel der Ägäis-Griechen starken Auftrieb, zumal im letzten Jahrzehnt des 18. Jahrhunderts der französische Handel im Mittelmeer infolge der Revolutionskriege zurückging. Die dem Kapudan Pascha unterstellten Inseln des Archipels wiesen Ende des 18. Jahrhunderts die respektable Bevölkerungszahl von 200 000 Menschen auf, während früher wegen der Seeräuberzüge, der Epidemien und der Armut zahlreiche Griechen den Weg in die Fremde hatten gehen müssen. Während der Napoleonischen Kriege erfuhr die griechische Handelsaktivität weiteren Auftrieb. Davon profitierte nicht zuletzt auch Saloniki (Thessaloniki).

Syros (Abb. 50) illustriert augenfällig den geradezu sensationellen wirtschaftlichen Aufstieg des Archipels Ende des 18. und Anfang des 19. Jahrhunderts – einen Aufstieg, in dem Kostis Moskof in seinem Buch über das nationale und soziale Bewußtsein im Griechenland der Jahre 1830–1909 neben der gewerblichen Entwicklung den zweiten Pol der «neugriechischen Wiedergeburt» erblickt. Im Jahre 1830 war

Ermupolis (Hermupolis) (Abb. 113), eine erst während des griechischen Freiheitskampfes entstandene Stadt, der wichtigste Hafen Griechenlands und bedeutendes Handels- und Gewerbezentrum. Doch die Geschichte Syros' ist, verglichen mit derjenigen anderer Inseln des Archipels, insofern atypisch, als hier Frankreich über die katholischen Christen eine Zeitlang gewisse Schutzfunktionen ausübte, was unter anderem zur Folge hatte, daß die Insel etwas abseits der nationalen Erhebung der Griechen gegen die Türken blieb. In mancher Hinsicht einen Sonderfall stellt auch Chios dar, das im 18. Jahrhundert eine kommerzielle und geistige Blüte erlebte. Zu einem wichtigen Motor der «neugriechischen Wiedergeburt» wurde hingegen vor allem, wenn auch sicherlich nicht ausschließlich, ausgerechnet jener Teil der ägäischen Inselwelt, dem das humanistische Europa beinahe keine Aufmerksamkeit schenkte. Also nicht etwa das an Sappho (um 600 v.Chr.) erinnernde Lesbos, nicht Apollons Geburtsstätte Delos, sondern «vergessene» Inseln wie beispielsweise das einstige Piratennest Psara.

Kein Wunder. Die kleineren bzw. unbekannteren, die mehr oder weniger «geschichtslosen» Inseln wurden – wie auf dem Festland die gebirgigen Gegenden – in vielen Fällen zu Zufluchtsorten der Vertriebenen, Verfolgten, Entrechteten und Verunsicherten, von denen dann auch viele als wagemutige und rebellische Gestalten in die Geschichte eingingen. Die «bedeutenderen» Inseln waren den fremden Eroberern «überlassen». Den fremden Eroberern und einem merkwürdigen, völlig entarteten «Humanismus». «Und schon reisten», schreibt Ekkehard Eickhoff («Venedig, Wien und die Osmanen, Umbruch in Südosteuropa 1645–1700»), «auch Humanisten und wißbegierige Kavaliere aus Frankreich und England in Griechenland und auf den Inseln, auf der Jagd nach Inschriften, Statuen, klassischen Denkwürdigkeiten, meist von den Türken politischer Machenschaften verdächtigt. Das weiße, verlassene Delos war mehr als ein bloßer Steinbruch, mehr als ein natürlicher Hafen und bevorzugter Sammelplatz christlicher Flotten – nämlich eine fast unerschöpfliche Schatzinsel der ersten Sammler und Archäologen. Auf Paros wurden Reliefs und Inschriftenblöcke erbarmungslos von den Grundflächen abgemeißelt, die Klöster des Athos, die Kirchen von Istanbul wurden nach alten Handschriften durchsucht. Große Herren, wie der Kardinal Mazarin, legten damals – mit Hilfe ihrer Agenten in der Levante – unschätzbare Sammlungen an.»

Mykonos' (Abb. 52) Handelsflotte zählte 1770 25 Schiffe. In der Zeitspanne 1770–1820 verfünffachte sich die Bevölkerungszahl der Insel. Aus Skopelos wurde Wein nach verschiedenen Ländern Europas auf eigenen Schiffen exportiert. Doch vor allem drei Inseln machten zu jener Zeit Geschichte: das bereits erwähnte Psara, Spetses und Hydra. Während des russisch-türkischen Krieges der Jahre 1768–1774 wurden von den Psarioten (Psarian[o]i) mindestens 45 Galeoten (Galioten) gebaut. Die Spetsioten (Spetsiotes), im Jahre 1730 noch vorwiegend arme Bauern oder Fischer, nehmen seit 1774 am bis Marseille und bis zum Schwarzen Meer führenden Seehandel regen Anteil. Hydras Seeleute befahren die gesamte Levante. In den drei letzten Jahrzehnten der Türkenherrschaft profitierte Hydra wesentlich von der Tatsache, daß der Kapudan Pascha auf das Können und die Erfahrung der Seeleute der Insel angewiesen war. Alle Jahre rekrutierten die Osmanen eine beträchtliche Anzahl von Männern aus Hydra für ihre Flotte. Wie aus den Armatol[o]i auf dem Festland wurden aus diesen Matrosen 1821 von den Türken sehr gefürchtete Freiheitskämpfer. Eine Analyse der – nicht immer ausreichenden – statistischen und sonstigen Daten zeigt allerdings, daß der Aufschwung des weitgehend von den Griechen kontrollierten Seehandels, Transportwesens und Warenaustausches in der Ägäis eindeutig Zwischenhandelscharakter aufwies, was sich nicht zuletzt zu Ungunsten der auf dem Festland lebenden bäuerlichen Bevölkerung auswirkte, da die Preise der Agrarprodukte – sofern überhaupt ein Markt vorhanden war – von den Mittelsleuten nach unten gedrückt wurden. Die «Strategie des Kapitals zielte nicht auf produktive Investitionen hin», schreibt der sich unter anderem auf die speziellen Untersuchungen von Seraphim Maximos und Nikos Svoronos stützende Historiker Spyridon Asdrachas (in der «Geschichte der hellenischen Nation»). Anders ausgedrückt: Die «Nachkommen des Odysseus», die wagemutigen hellenischen Seefahrer, zielten auf den schnellen Gewinn ab, und sie mußten bis zu einem gewissen Grad so handeln, weil ihnen die turbulenten Zeiten und der sozioökonomisch entwickeltere Westen keine andere Möglichkeit offenließen.

Hydra, Spetses und Psara – das lag in der Logik der Dinge – brachten während des Freiheitskampfes der Griechen (1821–1830) die «Heroen des Meers» hervor. Die Namen der Seekrieger Andreas Miaoulis (1769–1835) (Abb. 97) und Konstantinos Kanaris (1790[93 od. 95]–1877) sowie der Freiheitskämpferin Laskarina Boubouli (1771–1825), der berühmten «Bouboulina», sind zu Symbolen für eine Haltung geworden, welche in den Augen der heutigen Griechen dem homerischen Heldentum keineswegs nachsteht. Die Brandertaktik der hellenischen Burlotierides machten den Osmanen schwer zu schaffen. Die «Heroen des Meers» waren freilich, wie schon die Helden Homers, nur Menschen mit ihren starken und schwachen Seiten. Dem «piratisch-rebellischen» Naturell der Seekrieger haftete eine Ambivalenz an, die nicht selten dazu führte, daß der heldenhaft errungene Sieg dann durch Disziplinlosigkeit wieder aufs Spiel gesetzt wurde. Seit der Entstehung des neuhellenischen Staates verlegte sich der Schwerpunkt des griechischen Seeverkehrs allmählich immer mehr nach Piräus (Abb. 44), dem Hafen, der heute innerhalb des Gesamtverkehrsaufkommens Griechenlands eine wichtige Position innehat. Dies trifft in höherem Maß insbesondere für den Güterverkehr zu, zumal Eleusis (Elefsis/Elefsina), Isthmia und Megara weitgehend als Ausweichshäfen für Piräus angesehen werden müssen. Das durch das berühmte Salamis (Abb. 44) abgeschirmte einstige Mysterien-Heiligtum Eleusis (Abb. 24) ist heute ein unter dem Gesichtspunkt des Umweltschutzes recht unheilig anmutendes Zentrum der griechischen Schwerindustrie und – hinsichtlich des Warentransports – der verlängerte Arm Piräus'. Die Bedeutung der zweitgrößten Stadt Griechenlands, Thessalonikis (Salonikis), ist für den Güterverkehr nicht zu unterschätzen, wenn auch in dieser Beziehung der Ballungsraum Athen-Piräus dominiert. Die griechische Handelsflotte ist heute eine der größten der Welt, und ihr starkes Potential wird erst richtig erfaßt, wenn man auch die Schiffe dazuzählt, die unter ausländischen Flaggen, z. T. sogenannten «Billigflaggen», fahren. Während Hydra in unserer Zeit gewissermaßen nur noch vom Ruhm der Vergangenheit und dem damit verbundenen Nimbus der dort etwa mit der Familie der Koundouriotides entstandenen «Aristokratie» zehrt, erlebt Syros dank den Neorion-Werften, an denen unter anderen auch die Sowjetrussen Interesse bekunden, eine Art «maritime Renaissance».

Die griechischen Reeder, expansionslustig und, wenn rascher und großer Gewinn winkt, investitionsfreudig, sind eine «Welt für sich». Je nach den Umständen treten sie als glühende Patrioten oder aber als überzeugte Kosmopoliten auf. Das Merkwürdige ist, daß sie sich nicht selten auch wirklich so fühlen, wie sie zu sein vorgeben. Die Zeitungsverlegerin Eleni Vlachou vergleicht sie in ihrem «House Arrest» – das Buch wurde während der Athener Militärdiktatur (1967–1974) verfaßt, als mancher Reeder mit den Obristen sympathisierte – mit den Königen und den Zigeunern. Reeder, Könige und Zigeuner, schreibt sie, seien, falls überhaupt, nach anderen Maßstäben zu beurteilen als die normalen Menschen, denn sie seien nicht «normal». Sie seien aufrichtig davon überzeugt, daß sie durch Geburt und Blut einer höheren Spezies Mensch angehörten. Man liest das strenge, aber doch eine gewisse Sympathie oder zumindest Haßliebe verratende Urteil der die Reederwelt gut kennenden Griechin und erinnert sich unwillkürlich an jenen Kallikles, den Platon in seinem «Gorgias» mit sozialdarwinistisch klingenden Argumenten das «Recht des Stärkeren» proklamieren läßt. Der Nomos sei eine Erfindung der Schwachen, welche das hemmungslose Sichausleben der Stärkeren verhindere. Eine gewisse Affinität zu jenem Kallikles scheint, wenn das zutrifft, was Eleni Vlachou schreibt, den hellenischen Reedern nicht zu fehlen. Und dennoch, Gestalten wie Aristoteles Onassis sind auch für manchen «Gewöhnlichsterblichen» in Hellas beinahe «Nationalsymbole».

Für die Reeder ist die Ägäis zu eng. Sie träumen von Frachtern und Tankern, welche die Ozeane durchqueren. Der – um bei der Diktion Eleni Vlachous zu bleiben – «normale» Grieche hingegen erblickt im Ägäon Pelagos eine ganze Welt, «seinen Kosmos». Dieser reicht etwa von Ägina (Abb. 23, 36, 46) und den übrigen Inseln des Saronischen Golfes bis zu den Kleinasien vorgelagerten hellenischen Inseln sowie von Thasos und Samothrake (Samothraki) bis Kreta. Es ist die «Welt die kleine die große», die im «Axion Esti» Odysseas Elytis' besungen wird – des Dichters, dessen Ehrung mit dem Nobelpreis für Literatur 1979 manchen Nichtgriechen überraschte, was für den am heutigen Hellas immer noch vorbeigehenden Humanismus bezeichnend ist. Die «Welt die kleine die große» besteht aus weiteren, kleinen Welten:

«Kleine Welten streute sie ein nach meinem Gleichnis:
steinerne Pferdchen mit ragender Mähne
Amphoren der Stille
gekrümmte Delphinrücken
Ios Sikinos Seriphos Milos»

Die Welt Elytis', dessen Verse hier in der deutschen Übertragung von Günter Dietz wiedergegeben sind, wirkt ägäisch, selbst dort, wo der Dichter in seine Inselaufzählung die Heimat Odysseus' einbezieht:

«Inseln, die fahrn   dem Meltemi entgegen
Inseln, die steuern   im Tal des Garbis
ringsum schäumend   an den Gestaden
mit blauen Kieseln und Sonnenblumen

Siphnos, Amorgos, Alonnisos
Thasos, Ithaka, Santorin
Kos, Ios, Sikinos»

Die Farben dieser Welt sind vor allem blau und weiß. Blau steht für das Meer. Weiß für die Brandung, für zahllose Kirchlein und für manches Inselhäuschen, dessen traditioneller Baustil, einst weitgehend durch die Notwendigkeit des Schutzes vor den Seeräubern diktiert, trotzdem, wenn auch unter anderen Vorzeichen, an das Wort Winckelmanns von «edler Einfalt» erinnert. Die Kirchlein sind oft der Panajia (Muttergottes) geweiht. Doch die Panajia hat so viele Gesichter wie Namen. Auf Tzia, offiziell Kea genannt, dem alten Keos (Abb. 16, 17, 58), begegnet man zum Beispiel der Kastriani (Abb. 43), auf Naxos der Myrtidiotissa (Abb. 48). Auch Rotbraun gehört aber zu den Farben der Ägäis. Es ist die Farbe der kahlen Erde und symbolisiert, möchte man beinahe sagen, das schwierige Leben der «einfachen Leute» dieser Inselwelt – der Kleinbauern und Handwerker, der Fischer und der Matrosen, der kleinen Gewerbetreibenden und Händler. Gewiß, die wirtschaftliche Entwicklung hat manche Ursache der einstigen sprichwörtlichen Armut beseitigt (das «mörderische» Meer und die ebenso «mörderische» Auswanderung waren und sind zum Teil immer noch der einzige Ausweg aus der Misere), und der Massentourismus hat in materieller Hinsicht das Leben der Ägäis-Griechen bis zu einem gewissen Grade verbessert. Doch, wie Experten der Europäischen Gemeinschaft unterstreichen, darf der Fremdenverkehr, ungeachtet der Gefährdung, die daraus nicht selten für die kulturelle Identität des Landes sowie für die natürliche Umwelt resultiert, keineswegs eine Art Monokultur bilden. Die Regionalentwicklung setzt, selbst in touristischen Schwerpunkten wie etwa Rhodos, eine polyvalente, verschiedene ökonomische Sektoren berücksichtigende Wirtschaftspolitik voraus. Dies ist um so nötiger, als der Tourismus Schwankungen unterworfen ist und die Fischerei trotz der ausgedehnten Küstenlinie Griechenlands und den zahlreichen Inseln schätzungsweise nur 50% des Eigenbedarfs an Fisch sichert. Niedrige Produktivität, hohe Kosten, veraltete Fangpraktiken und ungeeignete Kühlhaltungsmethoden scheinen die These der Fachleute zu stützen, daß diesem Wirtschaftszweig in Zukunft nur geringe Entwicklungschancen zugesprochen werden können.

Die Ägäis der Griechen ist weitgehend eine andere als diejenige, welche die ausländischen Touristen erleben, wenn sie sich in für den Fremdenverkehr «erschlossenen» Gegenden aufhalten, auf Rhodos etwa oder im stark kommerzialisierten touristischen Ballungsgebiet Ajios Nikolaos–Elunda (Abb. 49) auf Kreta. Sie ist die Welt der «anspruchslosen» – weil anspruchslos leben müssenden – Inselbewohner, die der «Eremit von Skiathos», Alexandros Papadiamantis (1851–1911), in seiner antikisierenden, aber dennoch bewegenden Prosa beschreibt. Sie ist der unverdorbene Kosmos des Malers Theophilos Chatzimichail (1870–1934), des Autodidakten aus Lesbos, der, weil er nicht anders konnte, «naiv» malte und deshalb beispielsweise den

Megalexandros (Alexander den Grossen) auf menschlich sympathischere Weise erfaßte als eine gewisse von der Bewunderung für die Macht besessene «Goldrauscharchäologie». Lawrence Durrell vergleicht in seinem Buch «The Greek Islands» die Menschen der hellenischen Inselwelt mit Gestalten der aristophanischen Komödie. Diese Welt beinhaltet aber auch ein eher an die antike Tragödie erinnerndes Element des Ringens mit den Naturkräften und dem Schicksal – ein Element, das zum Beispiel im Volksgedicht zum Ausdruck kommt, in dem der Seemann dem Boreas, dem Nordwind, zuruft: «Ich fürchte dich nicht, Kyr-Vorias!»

Tragik wohnt auch der Tatsache inne, daß die Ägäis ein Meer ist, das zugleich verbindet und trennt. Es verbindet die Völker Griechenlands und der Türkei, die trotz – oder wegen – alter Feindschaft im Brauchtum viel Gemeinsames aufweisen. Und es trennt sie, weil die «Völkergemeinschaft» seit der Zeit des unerbittlichen Krieges der Poleis gegeneinander zwar über die dürftige Institution der Amphiktyonie (Amphiktionie) hinausgegangen ist, jedoch nicht die Fähigkeit besitzt, Probleme wie dasjenige des Festlandsockels der Ägäis oder die Zypernfrage friedlich und gerecht zu lösen. So behält der Aufschrei des Dichters Elytis weiterhin seine Kraft und Gültigkeit:

«UNVORSTELLBARE SONNE der Gerechtigkeit X
und du, würdiger Myrtenzweig
niemals vergeßt, bitt ich euch X
niemals mein Land!
Adlergestaltig die hohen Berge X
auf den Vulkanen Kette der Wein-
gärten
die Häuser in hellerem Weiss X
in der Nähe der Meeresbläue!
Berührt mein Land auch ein wenig Asien X
lehnt mein Land auch leicht an
Europa
sieh, da steht es und ragt X
allein zwischen Äther und Meer!
Doch kein Platz im Denken der Fremden X
kein Platz für mein Land in der
Liebe der Seinen
rings nur Trauer und Leid X
und der sengende Lichtstrahl!»

Vor der Insel Tinos.

Blick auf die Kykladeninsel Sikinos.

Das Kloster Panajia Kastriani auf Kea.

▷ Blick vom Gipfel des Hymettos. Im Vordergrund Athen, im Mittelgrund Piräus, im Hintergrund die Insel Salamis und die Küste der Peloponnes.

45

Korfu. Blick von Kanoni auf die Klosterinsel Vlacherna (links vorn) und die «Mäuseinsel» Pontikonisi (links hinten). Die Legende hält Korfu für die Phäakeninsel der Odyssee und sieht in der «Mäuseinsel» das Phäakenschiff, das Odysseus nach Ithaka gebracht hatte und, in den Heimathafen zurückgekehrt, versteinerte.

46

Fischer bei Ägina im Saronischen Golf.

In Megalo Livadi auf Serifos.

Die Insel-Kapelle der Myrtidiotissa bei der Einfahrt in den Hafen von Naxos.

49

Olivenbaum auf Kreta (bei Elunda).

Hafen von Ermupolis auf Syros.

Am Quai in Naxos.

Zum Trocknen aufgehängter Oktopode (Chtapodi, «Tintenfisch»).

Blick von Nea Kaimeni nach dem Hauptort Thera der gleichnamigen Insel (Santorin).

54

Warten auf die Fähre im Hafen von Naxos.

Bürgermeisteramt in Chora, Hauptort der Insel Serifos.

Oia an der Nordspitze von Thera (Santorin).

Blick von Nea Kaimeni hinüber zur Küste von Thera (Santorin).

Die Bucht von Otzias auf der Kykladeninsel Kea.

59

Blick auf Kastro, die einstige Hauptstadt der Insel Sifnos (von Apollonia aus).

Landestelle auf Therasia.

61

Maultiere am Strand von Therasia, auf Touristen wartend.

Landebucht auf Therasia. Im Hintergrund Thera (Santorin).

DAS LAND

Es gibt wohl kaum eine andere Gegend Europas, in der das Ineinanderfließen von Land und Meer ein derartiges Ausmaß erreicht wie in Griechenland. Ungefähr ein Fünftel der 131 944 km² betragenden Fläche der Hellenischen Republik (Elliniki Dimokratia) besteht aus zahlreichen verstreuten Inseln verschiedener Größe, und das vom Meer umschlungene Festland ist außerordentlich reich an Golfen, Buchten und Landzungen. Rund 15 000 km beträgt die Gesamtlänge der Küsten. Davon sind, selbst wenn man die Peloponnes dazuzählt, die zumindest seit dem Durchstich des Kanals von Korinth (Abb. 67) zu Recht so, nämlich «Insel des Pelops», heißt, obschon sie von der Geographie als Halbinsel taxiert wird, «nur» etwa 4100 km Festlandküsten. Was ist von Hellas, von diesem vom Rumpf der Balkanhalbinsel in das östliche Mittelmeer hinausragenden Halbinsel- und Inselstaat, Festland und was Meer, was Küsten- und was Binnenland? Die große Interdependenz von Land und Meer verunmöglicht eine eindeutige Trennungslinie, und zwar auf Grund der ohnehin mehrdeutigen Begriffsbezeichnung «Land». Griechenland bildet – im Sinne Elytis' – eine Einheit:

> «Adlergestaltig die hohen Berge X
> auf den Vulkanen Kette der Weingärten
> die Häuser in hellerem Weiß X
> in der Nähe der Meeresbläue!»

Und dennoch. Trotz der starken gegenseitigen Durchdringung von Land und Meer gehört zu den Charakteristika der Landesnatur und der Bevölkerungsstruktur auch der Gegensatz zwischen Steria und Thalassa. So wie die Thalassa, das Meer, den einen Pol darstellt, der manches Griechische prägt, ist die Steria, das Festland, der andere nicht zu unterschätzende Pol, der gleichsam das «zweite Gesicht» Griechenlands bestimmt. Anders ausgedrückt: die festgestellte Einheit schließt dieses antithetische Element mit ein und offenbart sich, weil es nicht wenige weitere Kontraste gibt, als eine Einheit in der Vielfalt. Das Bild der Steria wird durch den ausgesprochenen Gebirgslandcharakter bestimmt. Olymp (Olymbos) (2917 m), Smolikas (2637 m), Giona (2510 m), Parnass (Parnassos) (2457 m), Taygetos (2407[4?] m) (Abb. 79), Ida (Psiloritis) (2456 m) und zahlreiche andere Berge prägen dieses zweite, im Vergleich zum – oft trügerisch – spielerischen Meer, ernste Gesicht Griechenlands. Schroffe Geländeformen, steile Beckenränder und Durchbruchstäler (etwa das Tempetal, Abb. 20) gehören dazu. Der Reichgegliedertheit der Küsten entspricht diejenige der Landschaften. Die Bevölkerung drängt sich, möchte man beinahe sagen, in den nicht gerade vielen Landschaftsräumen zwischen den vorwiegend aus sterilen Kalken aufgebauten Gebirgen zusammen. An natürlichen Häfen ist Griechenland eher arm – trotz der Länge und der Reichgegliedertheit seiner Küsten. Bestimmte Landesgegenden sind deshalb selbst vom Meer her nicht leicht zugänglich. Ist das maritime Hellas geradezu der Inbegriff der Verkehrs- und Weltoffenheit, so vermittelt das gebirgige, an weiten Ebenen, ausgedehnten Hügellandschaften und großen Stromsystemen nicht reiche hellenische Festland eher den Eindruck der Abgeschlossenheit.

Der Gegensatz zwischen festländischem und maritimem Hellas zieht sich beinahe durch den gesamten Halbinsel- und Inselstaat hindurch. Manche Unsicherheit, Mehrdeutigkeit und Inkonsequenz in der – nicht immer einheitlichen, sondern oft variierenden – historischen, geographischen, verwaltungsrechtlichen, wirtschaftswissenschaftlichen, statistischen und volkskundlichen Nomenklatur und Einteilung hängt auch mit diesem Sachverhalt zusammen. Das etwa ein Drittel der insgesamt beinahe 10 Millionen Einwohner betragenden Bevölkerung umfassende Ballungszentrum Athen-Piräus ist nicht nur ein industrieller Schwerpunkt, sondern auch ein solcher des maritimen Griechenland, obschon es eigentlich trotz «Verselbständigung» in dieser oder jener Hinsicht zur sogenannten Sterea Ellada gehört, zum – wörtlich übersetzt – «festen» oder «festländischen Hellas». Letzteres Hellas wiederum umfaßt nicht die als Fortsetzung der Halbinsel geltende «Insel des Pelops» und auch nicht die anderen festländischen Gegenden: Thessalien, Epirus, Makedonien und Thrakien. Bei der Sterea Ellada (Sterea Ellas) handelt es sich also um jenes «Zentral- oder Mittelgriechenland», das früher Rumeli hieß und zum Teil vom Volksmund immer noch so genannt wird. Nicht selten im gleichen Atemzug mit der Sterea Ellada wird auch das von den Venezianern Negroponte genannte Euböa erwähnt, dessen insularer Charakter durch die starke Anlehnung an das Festland relativiert wird. Auch manche der Ionischen Inseln ist trotz der Verschiedenheit ihres geschichtlichen Schicksals mit dem Festland bzw. mit der Peloponnes eng verbunden. Und schließlich – um die Beispiele für die Problematik der Terminologie abzuschließen – wird Kreta, ein Schwerpunkt der sogenannten «ägäischen Kultur» in der Antike, in manch administrativer und geographischer Einteilung von den «Inseln der Ägäis» ausgeklammert, was wiederum weder über das maritime noch über das «festländische» Gesicht dieser Insel etwas aussagt.

Es war von Rumeli die Rede. In griechischen Ohren erzeugt das Wort, so merkwürdig das auch erscheinen mag, sowohl einen unterschwellig störenden Mißton als auch einen deutlich heroischen Klang. Der Mißton kommt daher, daß Rumeli an den osmanischen Verwaltungsbezirk Rumili erinnert, der übrigens weit über die Grenzen der heutigen Sterea Ellada hinausreichte und unter anderem das gesamte gegenwärtige festländische Griechenland (ohne die Peloponnes) umfaßte. Außerdem weckt das Wort die Reminiszenz an das «Land der Rhomäer» (man denke etwa auch an die Festung Rumeli Hisari in Konstantinopel!), und die Griechen erblicken in Byzanz, zumindest von einem gewissen Zeitpunkt an, weniger «Ostrom» bzw. das «Neue Rom» und mehr die Hauptstadt eines hellenischen oder hellenisierten Kaiserreiches. Der griechische Historiker Apostolos Vakalopoulos unterstreicht in seiner «Geschichte des neuen Hellenentums» zutreffend die Tatsache, daß nach dem Kreuzzug von 1204 die byzantinischen Kaiser und Gelehrten immer mehr dazu neigen, anstatt des Terminus «Rhomäer» das früher aus religiösen Gründen als «heidnisch» verpönte Wort «Hellene» zu verwenden. Hierher gehört auch die im Wirken eines Plethon in Mistra (Mystras) (Abb. 80) oder eines Bessarion im Westen festzustellende Wiedergeburt der hellenischen Antike.

Andererseits sind die Wörter «Rumeli» und «Romios», die Fortentwicklung der Form «Romäos» (= Rhomäer), mit einer von der neugriechischen Wirklichkeit nicht zu trennenden, der antikisierenden Überlieferung oft die Stirn bietenden Volkstradition eng verbunden. In den griechischen Volksliedern, den Dimotika Tragudia, einem Ausdruck der weitgehend mit der nationalen Erhebung gegen die Türken verflochtenen hellenischen Volkskultur, kommt Rumeli mehrfach in glorifizierendem Sinne vor. «Ich komme aus Rumeli und gehe nach Morias (Peloponnes), um den Kolokotronä[o]i (bekannte Freiheitskämpfer) Grüße auszurichten», heißt es zum Beispiel in einem dieser zahllosen heroischen Lieder. Und das Wort «Romi[o]i» (Mehrzahl von Romios) wird im berühmten patriotischen Lied «Thurios» des Rigas Velestinlis oder Pheräos (um 1757–1798), eines fulminanten Verfechters der Ideale der Französischen Revolution und hervorragenden Wegbereiters des Aufstands der Griechen gegen die osmanische Herrschaft, zur Bezeichnung der Hellenen verwendet. In diesem Sinne folgerichtig nannte der radikale Gegner der antikisierenden Sprachtradition und «Patriarch» der Dimotiki, der griechischen Volkssprache, Jannis Psycharis (1854–1929), seine «Grammatik» «rhomäisch» (romäiki), weil der Name «Romios» ehrenvoll und edel sei. Und Jannis Ritsos, der 1909 im traditionsreichen Monemvasia (Abb. 11) geborene Lyriker, einer der populärsten zeitgenössischen Dichter Griechenlands, besingt in einer seiner Schöpfungen die «Romiossini» im Sinne des Griechentums.

Ohne sich dem Vorwurf der allzu starken, die Wirklichkeit verzerrenden Schematisierung auszusetzen, kann man sagen, daß Rumeli und Morias (Moreas = Peloponnes) in gewissem Sinne symbolhafte Bedeutung für den «festländischen» Pol in der Entwicklung des neueren Griechenland haben. Dabei wird das Moment der Steria, des Festlands, nicht selten mit demjenigen des Gebirgslands verknüpft. Die Antithese von Steria und Thalassa wird in mancher Beziehung mit dem Gegensatz von Hoch- und Tiefland und somit auch demjenigen von Binnen- und Küstenland, Land und Stadt verwoben. Nicht von ungefähr werden in der griechischen Volksdichtung die Berge, die «glücklich sind, weil sie den Charon, den Tod, nicht fürchten», immer wieder gepriesen. In den Schlupfwinkeln der Berge haben in der Zeit der türkischen Herrschaft (1453–1821) die Kleftes (Kleften) Zuflucht gefunden. Das Wort Kleftes bezeichnet scheinbar grotesker-, aber eigentlich sinnvollerweise sowohl die Diebe als auch die Freiheitskämpfer, wobei die Ambivalenz die gegensätzlichen Standpunkte der herrschenden Osmanen und der beherrschten Griechen zum Ausdruck bringt. Diebe und Banditen für die Osmanen, waren die Kleftes für die Streitkräfte der Griechen im Ikossiena, im Freiheitskampf von 1821, das, was die Hefe für den Teig. Auch die sogenannten Armatol[o]i (Armatolen) waren meistens griechische Bergbewohner, welche im Auftrag der Osmanen die Gebirgspässe bewachten, um bei der ersten günstigen Gelegenheit gegen die Unterdrücker zu rebellieren. In den Bergen fühlte sich der Romios nicht als Rajas (griechische Form des die nichtmuslimischen Untertanen der Pforte bezeichnenden, in seinem Ursprung «Herde» bedeutenden Wortes), nicht als Unterdrückter. Mag dem arabischen bzw. türkischen Herkunftswort kein abschätziger Beigeschmack angehaftet haben, für den Griechen hatte und hat die Bezeichnung Rajas einen pejorativen Sinn. Der idealtypische Gegensatz dazu, der diametrale Kontrast zum Unterwürfigen ist der in den Bergen lebende Kleftis. Er hegt im Grunde Verachtung für die Leute im Flachland. Er will, wie es im berühmten Vassilis-Volkslied heißt, nicht ein «besonnener», wohlhabender Besitzer von Schafen und Kühen werden, kein Sklave der Türken sein. Vassilis, der Held des besagten Liedes, entschließt sich entgegen dem Rat seiner Mutter, in die Berge zu ziehen, um mit den Kleftes gegen die Türken zu kämpfen.

Suli, Mani und Sfakia könnten – die Aufzählung ist alles andere als erschöpfend – als Repräsentanten dieses rebellischen, gebirgigen, schwer zugänglichen Hellenenlandes betrachtet werden. Die Suliotes (Sulioten), Bewohner einer wilden Gebirgslandschaft in Epirus, waren im 17. Jahrhundert beinahe unabhängig. Im 18. Jahrhundert vermochten sie ihre Stellung gegen zahlreiche Angriffe der Türken zu verteidigen. Im Jahre 1803 fand auf dem Berge Zalongo der in die Geschichte eingegangene «Tanz» der Suliotisses (Suliotinnen) statt. Um nicht in die Hände der vorrückenden Türken zu fallen, stürzten sich viele Frauen singend und tanzend von einem Felsen in den Abgrund. Die Suliotes kämpften im griechischen Unabhängigkeitskrieg mit. Nicht von ungefähr gehörte unter anderem auch Suli zu Lord Byrons Griechenland (Elizabeth Langford, «Byron's Greece»):

> «Oh! who is more brave than a dark Souliote
> In his snowy camese and his shaggy capote?»

Mani (Maina) (Abb. 87), die mittlere der drei südlichen Halbinseln der Peloponnes, war nicht zufällig Refugium freiheitsliebender Griechen in der Türkenzeit. Diese heute noch trotz aller touristischen «Erschließung» verkehrsferne Gegend ist ein den Taygetos (Abb. 79) fortsetzendes, felsiges, bis 1400 m hohes Kalkbergland mit eindrücklichen Denkmälern einer bewegten und wechselvollen Vergangenheit. Bedeutende mittelbyzantinische Kirchen, fränkische Festungen (Kastra), wie sie uns die Griechin Athina Tarsouli in ihrem Buch «Burgen und Städte von Morias» beschreibt, und die berühmten Pyrg[o]i, die Geschlechtertürme, gehören zur Atmosphäre dieses Hortes alter, oft grausam anmutender Mannhaftigkeit. Die Manioten (Maniates), die Cornelius de Paneo in einem Reisebericht ohne jeglichen Anhaltspunkt sogar des Kannibalismus bezichtigte, bewahrten durch ihren Dialekt und ihre Bräuche, zu denen auch der Gdikiomos, die Blutrache, gehörte, über die Zeit ihrer Teilnahme am Ikossiena-Kampf hinaus ihre von Patrick Leigh Fermor in seinem Mani-Buch vorzüglich erfaßte Eigenart.

George Wheler nannte 1675 in einem Reisebericht die Maniates «Piraten» auf dem Meer und «Banditen» auf dem Festland. Die Bewohner von Mani waren also für ihre Aktivität auf der Thalassa und auf der Steria, je nach Standpunkt, berüchtigt oder berühmt. In diesem Sinne kann Mani als Beispiel nicht nur für das festländische Griechenland betrachtet werden, sondern auch für die bereits festgestellte gegenseitige Verflechtung von Land und Meer. 1814 charakterisierte der Baumeister und Archäologe Carl Freiherr Haller von Hallerstein (1774–1817), der zu den Entdeckern des Tempels von Ägina (Abb. 23, 36) gehört, Mani folgendermaßen: «Dieses Land hat noch seine Freiheit erhalten, es wird in Hauptmannschaften eingeteilt, die unter einem Bey stehen, den sie sich selbst wählen. Sie sind tapfere Leute und haben bisher die Türken, die häufige Anfälle auf sie machten, von ihrer Grenze immer zurückgeschlagen. Sie haben eine gewaltige Vorneigung zu Seeräuberei, und jene Hauptleute machen selbst die Obersten der Piraten. Schon in den alten Zeiten war diese Gegend wegen Seeräuberei sehr verschrieen, und es ging das Sprichwort, daß, wer um dieses Kap segeln will, muß sein Liebstes, was er auf der Welt hat, vergessen...» (R. Bergau, «Carl von Hallers Reisen in Griechenland».)

Rigas aus Pherä appellierte in seinem Thurios, dem in Gedichtform gekleideten Aufruf zur Erhebung gegen die Osmanen, an die Versklavten sowohl der Steria als auch der Thalassa. Die Suliotes und Maniotes verglich er mit Löwen, die Inselleute von Kreta, Psara und Hydra mit Seevögeln (thalassina pulia). Kreta, dessen Thalassokratie einst berühmt war, hat aber trotz seinem – etwa in Volksbräuchen, Musik und traditioneller Tracht zum Ausdruck kommenden – insularen Charakter auch viel Gemeinsames mit dem hellenischen Festland. Man ist beinahe versucht zu sagen, daß sich in dieser Gemeinsamkeit auch in geschichtlicher und volkspsychologischer Hinsicht das äußert, was Geographie und Geologie unterstreichen: Das Dinarische Gebirgssystem der Balkanhalbinsel setzt sich in Westgriechenland fort und verläuft von dort zu den Ausläufern der peloponnesischen Gebirge sowie über Kreta, Karpathos und Rhodos (Abb. 86) zum kleinasiatischen Festland. In dieser Perspektive erscheinen die betreffenden Landschaften gleichsam wie ein Monolithos, wie aus einem Stein gehauen. Patrick Leigh Fermor, der in seinem Buch über Rumeli mit dieser geographischen Bezeichnung fast in provokativer Absicht «ziemlich willkürlich» und «ziemlich anmaßend» verfährt, schreibt über das «rhomäische» Wesen Kretas: «Trotz des insularen Stolzes ihrer Bewohner, ihrem Sichdistanzieren vom Festland, der Idiosynkrasie ihres Dialekts und ihrer Sitten, ist diese Insel eine Epitome, ein Abriß und Inbegriff Griechenlands. Griechische Tugenden und Fehler erreichen unter herberen Bergen und heißerer Sonne den Punkt höchster Steigerung. Sie ist, in dem unpejorativen Sinn, in dem ich das Wort zu rehabilitieren versuche, die am meisten rhomäische Region von allen...»

Die Lassithi-Hochebene im Osten Kretas, wo in der Antike nach der Eroberung der Insel durch die Dorier ein Teil der einheimischen Bevölkerung Zuflucht gesucht haben soll, war noch bis vor wenigen Jahrzehnten mit dem Auto nicht erreichbar. Die Bevölkerung setzte sich und setzt sich immer noch vorwiegend aus Bauern und Viehzüchtern zusammen. Zum Teil drischt man immer noch wie zu den Zeiten Homers. Diese Enklave der Unabhängigkeit erschien den Venezianern so gefährlich, daß sie verschiedene Maßnahmen zur Umsiedlung der Bevölkerung und zum Verbot der Agrikultur ergriffen. Vor allem Sfakia aber war auf Kreta, was Mani auf der Peloponnes. Die zahlreichen Touristen, die in der Ära des Massenfremdenverkehrs etwa das Farangi von Samaria (Abb. 74), die 18 km lange, teilweise nur wenige Meter breite, von der Omalos-Hochebene bis zum Libyschen Meer führende «größte Schlucht Europas» durchqueren, erhalten zwar einen Einblick in die majestätische, das Gebirgsmassiv der Weißen Berge (Lefka Ori) umfassenden Sfakia-Gegend, bedürfen aber der größten Einbildungskraft, um sich vorzustellen, was für eine Rolle diese schroffe und unzugängliche Landschaft im Laufe der bewegten Geschichte Kretas gespielt hat. Die heute recht kleine Ortschaft Chora Sfakion entfaltete früher mit einer eigenen kleinen Flotte eine rege Handelsaktivität. Doch die Sfakian[o]i (Sfakioten), von denen man auf Kreta mit Stolz erzählt, daß sie heute noch bei Zeus schwören («Ne ma Za, fasko su to ke kateche to» = «Ja, bei Zeus, ich sage es dir, und du sollst es wissen»), sind vor allem der Inbegriff eines zähen und unerschrockenen Berglervolkes. Die Sfakian[o]i waren Protagonisten bei allen kretischen Aufständen gegen die Türken. In diesem Sinne war ihre Bergwelt nicht nur ein Reservat kretischer Natur und Kultur, sondern auch eine Hochburg der Freiheit. In kritischen Zeiten war den Sfakioten, wie dies etwa in dem in Griechenland sehr bekannten Lied «Pote tha kani xasteria» zum Ausdruck kommt, die Waffe der beste Kamerad.

Für die Verwobenheit der Begriffe Fest-, Binnen- und Hochland ist Arkadien in mancher Hinsicht ein eindrückliches Beispiel. Reist man durch diese reizvolle Landschaft, so spürt man das, was Friedrich-Karl Kienitz in seinem Buch über die «Städte unter dem Halbmond» durch folgende farbige Übertreibung zum Ausdruck bringen will: «Die zentrale Binnenlandschaft der Peloponnes, das Hochland von Arkadien, ist nach Kilometern gemessen in keiner Himmelsrichtung weit vom Meer entfernt. Ihrem Charakter nach ist diese Heimat schlichter Hirten und Jäger genauso meeresfern wie die Steppen Zentralanatoliens.» Allein die Tatsache, daß beispielsweise im Becken von Megalopolis (Abb. 78) zur Verwertung großer, allerdings geringwertiger Braunkohlenvorkommen ein Kraftwerk errichtet worden ist, zeigt, wie sehr sich das heutige Arkadien von demjenigen unterscheidet, das seit Vergil den bevorzugten Schauplatz bukolischer Poesie und den Inbegriff idyllischen Hirtenlebens bildete. Doch Karytäna (Abb. 75), «Griechenlands Toledo», einst eine stolze fränkische Burg, welcher die Aufgabe oblag, die Verbindung zwischen der Hauptstadt des Fürstentums von Achaja mit dem Inneren Arkadiens zu sichern, oder das auf etwa 1000 m Höhe gelegene Städtchen Langadia (Abb. 76) vermittelt trotz Touristenboom heute noch einen Einblick in die einstige Bergeinsamkeit, in das, was man «arkadisches Bergnest» nennen könnte. Auch die Gegend des Städtchens Andritsäna, das sich während der Türkenherrschaft in der Viehzucht und der Forstwirtschaft einen bedeutenden Namen machen konnte und heute den Ausgangspunkt für die Besichtigung des Tempels von Bassai (Abb. 40, 63) bildet, wirkt immer noch gewissermaßen «arkadisch», obschon sie – ein weiteres Zeichen der Zeit! – heute nicht zum Nomos Arkadias (Verwaltungsbezirk Arkadien) gehört, sondern zu Elis (Nomos Ilias). Den Menschen dieser Gegend wird wie den Rumeliotes, den Bewohnern von Rumeli, ein «stolzer, senkrechter Charakter» nachgesagt. In diesem Sinne kommt der Tatsache, daß Andritsäna der Heimatort zweier bedeutender Neugriechen ist, beinahe symbolhafte Bedeutung zu. Der eine dieser berühmten Söhne von Andritsäna, Panajotis Anagnostopoulos (1790[?]–1854) gehörte zu den Gründern des Geheimbundes Philiki Etäria, der den Aufstand gegen die Türken von 1821 vorbereitete. Der andere bekannte Sohn Andritsänas war Nikolaos Dimitrakopoulos (1864–1921), ein Jurist – in Griechenland heute noch Inbegriff der Unbestechlichkeit.

Es wäre freilich falsch, wenn man den – um bei dieser Bezeichnung zu bleiben – «arkadischen» Charakter eines sehr großen Teils der griechischen Landschaft verabsolutierte und die spezifische Eigenart, ja den besonderen Reiz jeder einzelnen Gegend verkennte. Mag zum Beispiel dieses oder jenes Landschaftsbild auf der größten der Kykladeninseln, dem gebirgigen, bis 1002 m hohen Naxos (Abb. 68, 71, 77, 82), dessen dickfellige Schafe schon zu Zeus' Zeiten begehrt waren, auf den ersten Blick auch «arkadisch» anmuten, so springen doch die Besonderheiten der Insel bei näherem Hinsehen in die Augen. Eine von ihnen liegt in der Tatsache, daß der schroffe Abfall gegen Osten seit dem Altertum Schmirgelbrüche aufweist. Die Ortschaft Koronos (Abb. 82), deren Name vom Koronis(Koronida)-Berg stammt und durch die man auf dem Weg ins Dorf Komiaki (Abb. 77) hindurchfährt, ist als Smyridochori bekannt, als ein Ort also, der in der Region liegt, wo Schmirgel (Smyris/Smyrida) gewonnen wird. Die kretische Landschaft um das heutige Fischerdörfchen Lendas (Abb. 85) wiederum, das völlig vergessen daläge, wenn es sich nicht in der Nähe des antiken Lebena oder Leben befände, erinnert an manche «festländische» Gegend Griechenlands. Doch sie unterscheidet sich andererseits davon schon durch den Umstand, daß hier wegen des milden Klimas das ganze Jahr hindurch Tomaten reifen. Außerdem fühlen sich die Schwalben in der Nähe des Libyschen Meeres auch im Winter zu Hause. Analoges könnte man auch von der Eigenart etwa der Inseln Korfu (Kerkyra) (Abb. 64), Syros (Abb. 65), Sifnos (Abb. 66, 72, 84), Tinos (Abb. 69), Serifos (Abb. 81), Mykonos (Abb. 83), Rhodos (Abb. 86) und wie sie alle heißen, berichten.

In seinem «Mythistorima» (1935), einem seiner reifsten und repräsentativsten Werke, nennt der Lyriker Giorgos Seferis (1900–1971), seine Heimat eine «umschlossene Welt». Ohne den so manchen Griechen kennzeichnenden rhetorischen Überschwang schreibt der Nobelpreisträger für Literatur des Jahres 1963:

> «Unser Land ist umschlossen, voller Berge,
> die Tag und Nacht den niederen Himmel als Dach haben.»

In dieser bewußt schmucklosen und verhaltenen Feststellung, worin Arthur Rimbauds von Seferis zum Motto seines Werkes erhobene Verse «Si j'ai du goût, ce n'est guères/Que pour la terre et les pierres» mitklingen, kommt, nicht ohne Resignation, das subjektive Griechenland des Lyrikers zum Ausdruck. Es ist das Hellas eines zur Entsagung neigenden Dichters, eines «klassisch-heidnisch» veranlagten Menschen, der aber in Odysseus weniger jene Personifizierung der Wißbegierde und Reiselust erblickt, die Kazantzakis anzog, und mehr eine väterliche, um das seelische Gleichgewicht seiner Kinder besorgte Gestalt. Ist das Ziel des Seferisschen Odysseus eine Ruhe, welche an das epikureische Ideal des «Lebe im Verborgenen!» erinnert, so ist auch sein «umschlossenes Griechenland» alles andere als heroisch. Doch etwas vom Charakter des zwei Drittel der Gesamtfläche des Landes umfassenden gebirgigen Hellas geben die zitierten Verse Seferis' dennoch wieder.

Und das Tiefland? Es ist weitgehend aus trockengelegten Seen, Sümpfen und Flußtälern bzw. aus Schwemmland an den Küsten entstanden. Kommen für die bergigen Gebiete mit zunehmender Höhenlage vornehmlich Viehzucht, insbesondere Schaf- und Ziegenhaltung, eventuell auch Forstwirtschaft in Betracht, so setzt sich das Flachland vor allem aus Ackerbaugebieten nichtmediterranen Klimas zusammen, wobei die verstreut liegenden, zum Teil verhältnismäßig großräumigen (zum Beispiel Thessalische Ebene, Ebene von Thessaloniki und Giannitsa), zum Teil bedeutend kleineren Ebenen eine landwirtschaftlich wichtige Rolle spielen. «Typische» landwirtschaftliche Produkte dieser Ackerbaugebiete sind etwa Weizen, Mais, Reis, Baumwolle, Tabak und Zuckerrüben. Die sogenannten «mediterranen Anbauzonen» (Produktion von Oliven, Zitrusfrüchten, Tafeltrauben und Wein, Obst und Gemüse) trifft man entlang den Küsten sowie auf Kreta und anderen Inseln. Eine Anbauzone dieser Art bildet zum Beispiel der fruchtbare Küstenhof der östlichen Halbinsel der Peloponnes, also der Teil der Argolis-Gegend, der zur Mykene-Atmosphäre (Abb. 73) kontrastiert. Frischobst, Oliven- und Weinerzeugnisse stammen zu einem bedeutenden Teil auch aus dem halbbergigen und bergigen Land.

Angesichts der Beschaffenheit des griechischen Bodens kann man mit Harriet Austen («Land- und Forstwirtschaft in Südosteuropa» – Handbuch III, «Griechenland») sagen, daß Griechenland als ausgesprochenes Gebirgsland denkbar ungünstige Voraussetzungen für eine produktive landwirtschaftliche Nutzung bietet und der griechischen Landwirtschaft flächenmäßig nur geringe Expansionsmöglichkeiten bleiben, so daß Produktionssteigerungen nur über eine intensivere Nutzung der vorhandenen Anbauflächen erreicht werden können. Es wäre allerdings falsch, wenn man die Tatsache, daß Griechenland sozioökonomisch im Vergleich zu den modernen Industrieländern zurückgeblieben ist und trotz beachtlichen Industrialisierungsansätzen immer noch mit nicht zu unterschätzenden Strukturproblemen zu ringen hat, monokausal auf die Geographie des Landes zurückführen möchte. Was Olivier Reverdin im Rahmen seiner Erörterungen betreffend die Entstehung der minoischen Kultur betont, gilt auch in unserem Zusammenhang: «Wer vorgibt, die Wesenszüge einer Zivilisation aus den Gegebenheiten der Landschaft erklären zu wollen, in der sie sich entfaltet hat, setzt sich lächerlichen Widersprüchen aus.» Die in Griechenland einst verbreitete «Psorokostäna»-Theorie, die Doktrin des «von Natur aus armen Landes», hat sich in manchem Fall als Versuch erwiesen, die Bedeutung der sozioökonomischen Problematik herunterzuspielen und somit veraltete wirtschaftliche und soziale Strukturen aufrechtzuerhalten.

Obschon die Quellenverhältnisse nicht befriedigend sind und die diesbezügliche juristische Terminologie der Byzantiner eher labil erscheint, zeigt die Geschichte des Grundeigentums im Byzantinischen Kaiserreich doch, daß dieses nicht zuletzt auch infolge der Unzufriedenheit der ein kümmerliches Dasein führenden Bauern untergegangen ist. Der Gegensatz zwischen Großgrundbesitz (staatliche Domänen, Grundstücke der Kirche und der Klöster, Grundbesitz des Adels) und Kleinbauerntum war groß. Es fehlte ein starker gewerblicher Mittelstand. In der spätbyzantinischen Zeit gab es faktisch keinen wesentlichen Unterschied zwischen der Lage der «freien» und derjenigen der hörigen Bauern. Obwohl sich die Unzufriedenheit der Bauern zuweilen in Revolten Luft machte, kam es nicht zu einer Änderung der Verhältnisse, zumal es die Großgrundbesitzer immer wieder verstanden, jene Vorschriften zu umgehen, die das Ziel verfolgten, den freien Kleingrundbesitz gegen den Landhunger der Großen zu schützen. Sozioökonomisch hemmend wirkte auch der Umstand, daß sich im Osten keine «innerweltliche Askese» entfaltete, kein puritanisches Arbeitsethos, kein geistiges Element also, das im Sinne der Darlegungen Max Webers («Die protestantische Ethik und der Geist des Kapitalismus») den Geschichts- und Sozialprozeß hätte prägen können. Vielmehr bildete die «außerweltliche Askese», also das Mönchtum, einen wichtigen, die Umstrukturierung der Wirtschaft im Sinne der Schaffung der Voraussetzungen für eine kapitalistische Entwicklung erschwerenden Faktor. Die Mönche waren damals eine breite und finanziell kräftige Schicht – eine Tatsache, welche der heutige Besucher des Heiligen Berges Athos oder der Meteora-Klöster (Abb. 70) angesichts des gegenwärtigen Standes der Dinge, d.h. des sich weitgehend bietenden Bildes der Verlassenheit bzw. des Niedergangs, oft zu übersehen neigt. Die bilderfeindlichen Maßnahmen der Ikonoklastes (Ikonoklasten) hingen nicht zuletzt auch mit dem Bestreben zusammen, die Macht der Mönche zu bekämpfen. In diesem Sinne war der Bilderstreit im 8. und 9. Jahrhundert n.Chr. auch ein Phänomen von sozioökonomischer Relevanz. Der Ikonoklasmus, die Bilderzerstörung, war auch eine Monachomachia, ein Kampf gegen das Mönchtum. Diese Monachomachia nahm die hervorragendste Gestalt des Despotats von Morea oder Mistra (Mistras, Mystras, Misithra) (1348–1460) (Abb. 80), Plethon, der «Prophet des neuen Griechenland», wieder auf, als er gegen das «unproduktive Leben» der Mönche loszog und sich unter anderem auch für Reformen zur Erleichterung des Lebens der Bauern einsetzte.

In der Zeit der sogenannten «Frangokratia» («Frankenherrschaft») oder der nach dem wissenschaftlich etwas zweckmäßigeren Ausdruck «Latinokratia» (Lateinerherrschaft») (1204–1669) bzw. in der Periode der Turkokratia (Türkenherrschaft) (1453–1821) änderten sich zwar in vielen Hinsichten die administrativen und sozioökonomischen Verhältnisse, wobei sich mitunter von Ort zu Ort Verschiedenheiten bemerkbar machten. Doch das Los der Bauern wurde, allgemein gesprochen, nicht besser. Es ist hier nicht möglich, auf den Streit einzugehen, ob es einen byzantinischen Feudalismus im strengen Sinne des Wortes gegeben habe oder nicht. Gewiß gab es zwischen den Strukturen im Osten und denjenigen im Westen bedeutende Unterschiede. Durch die Lateinerherrschaft wurde dann allerdings das westliche Feudalsystem weitgehend – Besonderheiten gab es mancherorts – auch in den griechischen Raum verpflanzt. Dabei kam es zu sozialen Umschichtungen, so etwa hier teilweise zu einer Degradierung der einheimischen Aristokratie, dort zu einer Verflechtung der alten mit den neuen Privilegierten. Durch die Feudalisierung der Gesellschaft wurde die Stellung der sogenannten Paröken oder Villani, der Mehrheit der Bevölkerung, eher verschlechtert. Wie stark der Haß der breiten Schichten der einheimischen Bevölkerung zum Beispiel im feudalen Ritterstaat Fürstentum Achaja gegen das Adelsgeschlecht aus der Champagne, die fremden Herrscher, gewesen sein muß, ist unter anderem aus bestimmten Stellen der vermutlich um das Jahr 1388 entstandenen, im Gegensatz zum «Erotokritos» des Kreters Vitzentzos Kornaros (17. Jahrhundert) literarisch wertlosen, aber geschichtlich hochinteressanten «Chronik von Morea» ersichtlich. «Erotokritos» ist in gewissem Sinne Ausdruck einer griechischen Renaissance – jener «Wiedergeburt», die David Holden vermißt, wenn er in Zusammenhang mit dem «Griechenland ohne Säulen» von «lost Renaissance» spricht. Die «Chronik von Morea» hingegen gibt die Atmosphäre hundertprozentigen Mittelalters wieder. Der unbekannte Verfasser des Werkes, möglicherweise ein «Gasmule» («Maulesel»), ein Sprößling also aus der Liebesbeziehung eines französischen Vaters und einer hellenischen Mutter, der sich der spöttischen Verachtung der Einheimischen ausgesetzt sah, zieht in seinem «Epos» gegen die Griechen los und schreibt, im Bestreben nachzuweisen, daß die orthodoxen Rhomäer keine Christen seien, unter anderem folgende ungewollt die damaligen Verhältnisse enthüllende Worte: «Sie (die Rhomäer) schmähen uns Franken, sprechen gegen uns und klagen uns an. Sie nennen uns Hunde. Und sich selbst loben sie.»

Das nach dem Zerfall des Seldschukenstaates entstandene Osmanische Reich wies eine eigenartige Struktur auf, wobei absolute Staatsgewalt, Religion, Militärwesen und Bodenordnung eng miteinander verknüpft waren. Es kann hier nicht auf die theoretisch sicherlich interessante Frage eingegangen werden, ob die osmanische Gesellschaftsstruktur eine feudale war oder aber eine Form der sogenannten «asiatischen

Produktionsweise» darstellte. Es steht fest, daß sich die osmanische Gesellschaft, vor allem in den ersten Stadien ihrer Entwicklung bzw. in ihrer idealtypischen Konzeption, von der westlichen Adelsgesellschaft in mancher Hinsicht unterschied. Ein Grundgedanke der die Agrarverfassung weitgehend prägenden idealtypischen Konzeption war, daß der Sultan als Vertreter Allahs auf Erden in zweiter Hand alles Land besaß. Da er aber unmöglich alle eroberten Ländereien selber verwalten konnte, beließ er sie in der Regel den bisherigen «ungläubigen» Besitzern, sofern diese den Eroberern keinen Widerstand geleistet hatten. Dafür wurden die «Ungläubigen» mit der Steuerpflicht (Haradsch, griechisch: Charatsi) belegt. Die Muslims hingegen waren grundsätzlich steuerfrei. Dafür waren sie zum Heeresdienst verpflichtet. In der Praxis allerdings machten sich im Laufe der Zeit zahlreiche Abweichungen von der idealtypischen Konzeption bemerkbar, und schließlich wurde die osmanische Gesellschaft, verglichen mit ihrer ursprünglichen Form, denaturiert. Dominierten bis Mitte des 16. Jahrhunderts die sogenannten Miri-Gründe, also die dem Staat im dargelegten Sinne gehörenden Ländereien, so änderten sich nachher die Verhältnisse ohne juristische Grundlage immer mehr zugunsten der privaten Aneignung und der Schaffung faktischen Großgrundbesitzes. Schematisch – die Situation war im einzelnen recht komplex – kann man sagen, daß das «Miri-Grund-System» weitgehend durch das Çiftlik (griechisch: Tsifliki)-System ersetzt wurde. Das Wort Tsifliki bezeichnete dabei die einem «Großgrundbesitzer» «gehörende» Länderei.

Die Kluft zwischen den – im hellenischen Raum nicht selten auch nichtmuslimischen, also griechischen – Tsifliki-Besitzern, den Tsiflikades, und den Bauern (Kollig[o]i) war tief. Was Yüksel Pazarkaya über die Auswirkungen der osmanischen Lehenswirtschaft auf die Gesellschaftsstruktur der heutigen Türkei schreibt, gilt mutatis mutandis auch für Griechenland: «Soldaten, die infolge der neuen wirtschaftlichen Zustände und Rückschläge von ihren Herren nicht ausreichend verpflegt werden konnten, bemächtigten sich gewaltsam des bescheidenen Besitzes des Landvolkes, das vor diesem Terror in unwegsame und unfruchtbare Gegenden, vor allem in die Berge, flüchten mußte, um das nackte Leben zu schützen. So entstanden seit dem 17. Jahrhundert die anatolischen Klein- und Kleinstdörfer, deren Zahl sich heute auf rund 50 000 beläuft. Sie bilden das wesentlichste Problem der türkischen Entwicklung heute.» Hakki Keskin, ein anderer türkischer Autor, schreibt: «In einer Zeit, in der sich in Westeuropa das Barvermögen in Kapital zu verwandeln begann, kann sich in der osmanischen Gesellschaft dieselbe Entwicklung nicht vollziehen; das Vermögen fließt vielmehr in den Erwerb von Privilegien, Ämtern und Grundeigentum. Erhebliche Summen des Geldvermögens lagen unter Kontrolle einer perspektivlosen, korrupten Klasse brach und wurden nicht im Bereich des Handels- und Kaufmannswesens eingesetzt.»

Im Rahmen der griechischen sozialen Hierarchie während der Türkenzeit war somit die Bauernschicht am schlechtesten gestellt. Die hohe Ämter im Hof- und Verwaltungsdienst innehabenden Phanariotes (Phanarioten), die Tsiflikades, die Gemeindevorsteher (Kotsabassides/Kocabaşi), der obere Klerus, der die bestimmte Privilegien genießende Orthodoxe Kirche repräsentierte, und in manchen Fällen die Mönche standen auf einer höheren Stufe der sozialen Pyramide, wenngleich auch sie weitgehend der Willkür der osmanischen Herrscher ausgesetzt waren. Es ist daher nicht verwunderlich, daß der angehende Kleftis Vassilis, der Held des bereits in einem anderen Zusammenhang erwähnten Volksliedes, nicht nur gegen die Türken revoltierte, sondern auch gegen die, wie es im betreffenden Dimotiko Tragudi heißt, Jeront[o]i (Jerontes), eben gegen die Kotsabassides. Die Voraussetzungen für die Schaffung eines kräftigen einheimischen Bürgertums waren wegen der geschilderten Verhältnisse im Agrarsektor nicht gegeben. Es kam nur zu zwar bemerkenswerten, aber nicht zu überschätzenden Ansätzen dazu. Hierher gehört neben dem Aufschwung der von griechischen Seeleuten betriebenen Schiffahrt das Entstehen einer verhältnismäßig dünnen Schicht von Gewerbetreibenden und Kaufleuten auf dem Festland. Als ein «klassisches» Beispiel für die ersten Anfänge der Bildung einer einheimischen «Bourgeoisie» gilt die im Ossa-Gebirge liegende Ortschaft Ambelakia, die noch zu Beginn des 19. Jahrhunderts ein wohlhabendes Textilzentrum war. Die Geburt jener «Bourgeoisie» war zum Teil mit der Schaffung eines Netzes von Griechenkolonien (Parökien/Parikies) bzw. von Handelsfilialen in ausländischen Städten, etwa in Odessa, Triest und Wien, verbunden. Friedrich-Karl

Kienitz erklärt die Entstehung von Gewerbe- und Handelszentren wie Ambelakia zumindest einseitig, wenn er schreibt: «Während Venedigs Handelsverkehr mit den Ländern des Ostens bei jedem Krieg zwischen der Republik und dem Reiche des Sultans gelähmt wurde, hatten jetzt die griechischen Kaufleute als Untertanen des Sultans Rückendeckung an der politischen Großmacht des Osmanenreiches.» Das stellt weitgehend eine romantische Idealisierung der damaligen Verhältnisse dar. Gerade die vom selben Autor richtig hervorgehobene Tatsache, daß «alle... vom orthodoxen Kaufmannstum bestimmten Städte, die zur Osmanenzeit in Thessalien, im Pindos-Gebirge oder in Makedonien ihre Blütezeit erlebten», eine «ausgesprochen binnenländische Lage» haben, «selbst Ambelakia, das in der Luftlinie keine 20 Kilometer vom Meer entfernt liegt», zeigt, wie unsicher bzw. sozioökonomisch eingeengt sich die griechische Bevölkerung im Flachland fühlte. Das bergige oder halbbergige Binnenland wurde in den genannten Fällen infolge zum Teil massenhafter Abwanderungen zum Refugium «städtischen» Charakters – eine Kuriosität, die geschichtlich-soziologische Gründe hat.

Wie dem auch sei, das griechische Gewerbe hat der ausländischen Konkurrenz nicht standhalten können. So verloren zum Beispiel die thessalischen Manufakturen wegen der Expansion der englischen Textilindustrie nicht nur ihre europäischen, sondern weitgehend auch ihre einheimischen Absatzmärkte. Die Ortschaft Ambelakia – auch darin ein signifikantes Beispiel – mußte einen jähen Abstieg erleben. Als der neugriechische Staat offiziell anerkannt wurde (1830), war er in seiner Grundstruktur ein typisches Entwicklungsland.

63

Steinhütte am Weg von Andritsäna nach Bassai.

Olivenhain bei Korakiana (Korfu).

Steinmauer westlich von Ermupolis auf der Insel Syros.

Trockensteinmauer auf Sifnos.

5.000

67

Kanal von Korinth. Der bereits in der Antike gehegte Plan, den Isthmus zu durchstechen, wurde erst 1882–1893 verwirklicht.

Auf Naxos, bei Tragaia.

▷ *Taubenturm bei Tripotamos auf der Insel Tinos. Mehrere dieser Häuschen, teilweise aus dem 16. Jahrhundert stammend, haben sich hier erhalten. Sie zeigen venezianische Einflüsse; die Insel war während Jahrhunderten ein Stützpunkt der Serenissima.*

Blick in die Felslandschaft der Meteora-Klöster (Thessalien). Rechts das Kloster Roussanou, das auf eine Gründung des 14. Jahrhunderts zurückgehen soll.

Auf Naxos.

Terrassierte Landschaft auf der Insel Sifnos

Im Gelände von Mykene. Blick Richtung Osten.

74

Engstelle in der Schlucht von Samaria bei Ajia Rumeli (Westkreta).

Karytäna, «Griechenlands Toledo», oberhalb der Alpheios-Schlucht in Arkadien.

Das etwa 1000 m hoch gelegene Städtchen Langadia (Arkadien) im Winter.

Friedhof bei Komiaki (Naxos).

▷ Megalopolis, einst Hauptstadt des Arkadischen Bundes, ist heute Ort eines Braunkohle-Kraftwerks.

Sparta im Eurotastal am Fuß des Taygetos-Gebirges.

Ruinen von Mistra. Blick auf das Eurotastal. Im Mittelgrund das moderne Sparta. Dahinter das Parnon-Gebirge.

Chora, Hauptort der Insel Serifos.

Das Dorf Koronos auf Naxos.

Paraportiani-Kirche auf Mykonos. Vier Familienkapellen unter gemeinsamem Dach.

Sifnos. Kirche über dem Hafenort Kamares an der Westküste.

Bei Lendas im südlichen Kreta.

Das Johanniter-Kastell Monolithos im südwestlichen Rhodos.

Koutrela auf der Halbinsel Maina (Mani), Peloponnes.

DIE GEGENWART

«Das Geschlecht der Hellenen ist in Europa ausgerottet... Denn auch nicht ein Tropfen edlen und ungemischten Hellenenblutes fließt in den Adern der christlichen Bevölkerung des heutigen Griechenlands.» Diese Sätze stammen aus der Feder des Historikers Jakob Philipp Fallmerayer (1790–1861). Sie stehen in der Vorrede des im Jahre 1830 erschienenen ersten Bandes seiner «Geschichte der Halbinsel Morea während des Mittelalters», worin der eigenwillige Gelehrte, in gewissem Sinne ein «Autodidakt mit allen Fehlern und Vorzügen dieser Methode» (R. v. Höfler), den Beweis dafür zu erbringen versuchte, die Neugriechen seien, soweit es sich bei ihnen nicht um Albaner handle, eigentlich Slawen.

Bei Hellenen und Philhellenen mußte Fallmerayers These damals wie eine Provokation wirken. Man vergegenwärtige sich: Das Erscheinen des ersten Bandes des besagten Werkes fiel gleichsam mit der Krönung des 1821 begonnenen griechischen Freiheitskampfes gegen die Türken durch die im Londoner Protokoll vom 22.1./3.2.1830 erfolgte Anerkennung der Unabhängigkeit Griechenlands zusammen. Die Epanastassi Tu Ikossiena, die Revolution von 1821, war der Ausdruck einer nationalen Befreiungsbewegung, die sich nicht zuletzt vom Ideal der hellenischen Wiedergeburt leiten ließ. Theodoros Kolokotronis (1770–1843), der Jeros Tu Moria (der «Alte von Morea»), zuerst Armatolos bzw. Kleftis und später genialer militärischer Führer im Ikossiena-Kampf, berichtet in seinen Erinnerungen, daß er vor Ausbruch der Revolution auf Zante (Zakynthos) die Geschichte Griechenlands in einfacher Sprache studiert habe. Der Philhellenismus, der zu einer europäischen Angelegenheit wurde, die, um mit dem Historiker Wilhelm Oechsli (1851–1919) zu sprechen, «in der dumpfen Reaktionsperiode die Geister wach hielt», erblickte in den griechischen Freiheitskämpfern die Nachkommen der alten Hellenen. Dabei wurden diese auf die gleiche romantische Weise idealisiert wie jene. Einer der in Griechenland bekanntesten Philhellenen, der Schweizer Johann Jakob Meyer (1798–1826), welcher beim Versuch, die Belagerung der griechischen Festung Mesolongi durch Ibrahim Pascha zu durchbrechen, zusammen mit hellenischen Kampfgenossen ums Leben kam, schrieb kurz vor seinem Tode an einen Freund: «Wir gehen unserer letzten Stunde entgegen; mich macht der Gedanke stolz, daß das Blut eines Schweizers, eines Enkels von Wilhelm Tell, sich mit dem Blute der Helden Griechenlands mischen soll.»

Führte Fallmerayer, wie Dolf Sternberger meint, den «Feldzug eines Realisten gegen den romantisch gewordenen Klassizismus»? Die historische Entwicklung zeigte, daß Äußerungen des Geschichtsforschers wie etwa diejenige, wonach die Sache der Griechen «verblichen und verwittert» sei, noch unrealistischer waren als die zweifelsohne in mancher Hinsicht lebensfremde Einstellung vieler Philhellenen. Diese sprachen und handelten insofern im Einklang mit dem «Lauf der Geschichte», als sie sich für die Freiheit eines unterdrückten Volkes einsetzten, das durch Taten seine Fähigkeit unter Beweis stellte, seine Unabhängigkeit zu erringen. Fallmerayers «Feldzug» erwies sich jedoch – und vor allem das ist das Paradoxon in der ganzen Angelegenheit – auch in einem anderen Sinn als wirklichkeitsfremd. Durch seine Übertreibungen – schon Carl Hopf widersprach 1867 der Slawisierungsthese, und selbst die eher «neutral» eingestellten Wissenschafter sprechen in diesem Zusammenhang, wie etwa A. A. Vasiliev, von «some very obvious exaggerations» – brachte es Fallmerayer ungewollt fertig, sowohl die progriechische Bewegung im Ausland als auch das hellenische Nationalbewußtsein im Inland noch mehr zu stärken. Das «Ansinnen» des Verfechters der Slawisierungstheorie, die historische Kontinuität des Griechentums in Frage zu stellen, versetzte Hellenen und Philhellenen erst recht in «Alarmbereitschaft». Die Neugriechen und ihre Freunde nahmen die «Herausforderung» Fallmerayers an und versuchten nachzuweisen, daß die These von der «Ausrottung des Griechengeschlechts» falsch sei. In diese geistige Umwelt gehört zum Beispiel der hervorragende, das hellenische Element aus patriotischer

Sicht immer wieder betonende Historiker Konstantinos Paparrigopoulos (1815–1891), dessen «Geschichte der hellenischen Nation von den frühesten bis zu den neueren Zeiten» in Griechenland «klassisch» geworden ist.

Die nationale Befreiungsbewegung der Griechen hatte auch einen sozialen Hintergrund, der in den für die breiten Volksschichten, vor allem für die Bauernschaft, unhaltbaren wirtschaftlichen und gesellschaftlichen Verhältnissen unter der Türkenherrschaft lag. Zwar wäre es verfehlt, ein vielschichtiges, auch mit ausländischen Faktoren, etwa der russischen Balkanpolitik, verknüpftes historisches Ereignis wie die Epanastassi Tu Ikossiena auf einen Nenner bringen zu wollen. Doch die soziologisch signifikante Dimension jener nationalen Erhebung darf nicht unterschätzt werden. Ohne die Mobilisierung der benachteiligten Bauernschichten, welche damals die Mehrheit der griechischen Bevölkerung ausmachten, hätte der Aufstand gegen die Türken nicht den Charakter einer Massenbewegung annehmen können. Die Agrotia, die Bauernschaft, hat bei der Epanastassi Tu Ikossiena eine hervorragende Rolle gespielt. Zu den revolutionären Kräften gehörten freilich auch unter dem Einfluß der Ideale der Französischen Revolution stehende Angehörige der zahlenmäßig schwachen, aber sehr beweglichen und aktiven «bürgerlichen» Schicht der See- und Kaufleute sowie der Gewerbetreibenden. Unter diesem Gesichtspunkt mutet die Tatsache, daß der Geheimbund Philiki Etäria, der den Kampf gegen die Türken organisierte, von drei im Handelssektor tätigen Griechen (Nikolaos Skoufas, Athanasios Tsakalof und Emmanouil Xanthos) in Odessa ins Leben gerufen wurde, beinahe wie ein Symbol an. Das Wort «bürgerlich» gehört bei der Bezeichnung der betreffenden sozialen Schicht insofern in Anführungsstriche, als es sich bei jenem Entwicklungsstadium in vielfacher Hinsicht um eine vorkapitalistische Stufe handelte. Außerdem rekrutierte die Philiki Etäria ihre Mitglieder nicht selten aus «kleinen Leuten», zu denen etwa auch Handwerker, Privatangestellte, Handelsreisende (Jyroloj[o]i), Kleriker der unteren Ränge, Lehrer u.a. gehörten. Es darf auch nicht vergessen werden, daß beim Ausbruch des Kampfes ein großer Teil des griechischen Gewerbes wegen der ausländischen Konkurrenz bereits eine Krise durchmachte. Der Philiki Etäria, die zum Teil mit an Odysseus erinnernder List operierte, gelang es, die revolutionären Kräfte zu organisieren und manches Hindernis zu beseitigen, welches durch die zögernde, abwartende oder manchmal sogar feindliche Haltung der Kotsabassides bzw. dieses oder jenes Repräsentanten der privilegierten Kreise gegeben war. Auch die Führung der Kirche, welche auf Grund ihrer Ethnarchie-Rolle *die* überregionale Institution des versklavten Griechentums war, mußte verschiedentlich der Dynamik der «Revolutionäre» nachgeben.

Nationale Befreiung, außen- und innenpolitische Selbstbestimmung, besseres Los der Bauern – in diesem Triptychon kam, grob gesagt, ein großer Teil der ausgesprochenen oder unartikulierten, offenen oder unterschwelligen Motivation und Programmatik der Freiheitskämpfer zum Ausdruck. Daran gemessen war der Sieg des «wiedergeborenen Griechentums» zunächst ein nur partieller und bedingter. Dieser Umstand wirft in mancher Beziehung auch auf das heutige Land der Griechen seinen Schatten. Indem die damaligen Weltmächte England, Frankreich und Rußland im bereits erwähnten Londoner Protokoll den neugriechischen Staat anerkannten, leisteten sie einen Beitrag zur Durchsetzung des Nationalitätsprinzips. Doch die Bildung des neugriechischen Staates bedeutete noch nicht die volle Verwirklichung dieses Prinzips in bezug auf das griechische Volk. Der neue Staat war weit davon entfernt, die gesamte griechische Nation zu umfassen. Erst 1864 wurde die Vereinigung der Ionischen Inseln mit Griechenland erreicht. Thessaliens Annexion erfolgte 1881. Epirus, Makedonien, Kreta, die östlichen Inseln des Ägäischen Meeres und Thrakien kamen während der Zeit der Balkankriege (1912–1913) bzw. des Ersten Weltkrieges (1914–1918) zu Griechenland. Durch den Friedensvertrag von Sèvres (1920) erreichte Hellas das Ideal des «Griechenlands der zwei Kontinente und fünf Meere», was sich aber als eine Gebietserweiterung «auf dem Papier» erwies. Der Dodekanes fiel 1947, also nach dem Zweiten Weltkrieg (1939–1945), an Griechenland.

Die sukzessive, durch mühsame, mit empfindlichen Rückschlägen verbundene Anstrengungen erfolgte Erweiterung des Gebietes Griechenlands seit der Staatsgründung 1830/32 bis heute wäre ohne das Erwachen jenes Nationalbewußtseins undenkbar, dessen Bedeutung Fallmerayer nicht hat erkennen können. Der Verfasser der Morea-Geschichte suchte nach «echtem und ungemischtem Hellenenblut» und schloß die Augen vor der Tatsache, daß der Nationalismus, um mit Hans Kohn zu sprechen, «in erster Linie und vor allen anderen Dingen eine Geisteshaltung, eine Bewußtheit» ist und daß die Nationalitäten «das Ergebnis der Entwicklung der Gesellschaft im Verlaufe der Geschichte» und «nicht identisch mit Sippen, Stämmen oder Volksgruppen» sind, d. h. «mit Gruppen von Menschen, die eine tatsächliche oder angenommene gemeinsame Abstammung oder eine gemeinsame Heimat verbindet». Kraß ausgedrückt: Die Neugriechen sind Hellenen, weil sie sich als solche fühlen und verstehen. Diese Geisteshaltung erklärt unter anderem auch das, was Klaus-Detlev Grothusen «die besondere Rolle der Ethnogeographie» nennt. In dem Griechenland gewidmeten Band des Südosteuropa-Handbuches schreibt er dazu: «Dies will besagen, daß es von der Staatsgründung 1830/32 an die vornehmste Aufgabe griechischer Außen- wie Innenpolitik sein mußte, das ganze von Griechen bewohnte Gebiet – oder doch möglichst große Teile davon – an das zunächst recht bescheidene Staatsgebiet anzuschließen. Diese „Megali Idea“ (große Idee) war den griechischen Regierungen ebenso zwangsläufig aufgegeben wie mutatis mutandis denjenigen Serbiens, Rumäniens, Bulgariens und Albaniens für ihre Länder. Für die Zeit seit 1944 gehört vor allem das Zypern-Problem mit seinen explosiven internationalen Gefahren – bis hin zu einem Krieg zwischen Nato-Partnern – hierher, dazu aber auch die sogenannte Nordepirus-Frage, die das Verhältnis zu Albanien zumindest bis 1971 belastet hat, die Angliederung des Dodekanes 1947 von Italien u.a.m.»

Partiell und bedingt war der Sieg der Freiheitskämpfer von 1821 nicht nur unter dem Gesichtspunkt der nationalen Frage, welche, wie gezeigt, heute noch manchen explosiven Aspekt aufweist, sondern auch und vor allem hinsichtlich der sonstigen Motivation und Programmatik der Revolution. Diesbezüglich könnte man in vielfacher Beziehung sogar von Niederlage bzw. «Verrat» sprechen. Das «wiedergeborene Griechenland» war vom Ideal der außen- und innenpolitischen Selbstbestimmung bzw. vom Postulat der Verbesserung der Lage der Agrotia (Bauernschaft) weit entfernt. Das «unabhängige» Hellas wurde von Anbeginn an in mancher Hinsicht zum Spielball der jeweiligen Großmächte, und das Gebot der in einem Interdependenzverhältnis zur Außenpolitik stehenden innenpolitischen Selbstbestimmung blieb im Laufe der bewegten neugriechischen Geschichte mehrfach unerfüllt. Für die sozioökonomische Entwicklung des Landes erwies sich vor allem die Tatsache als verheerend, daß nach der Befreiung die Agrarfrage jahrzehntelang ungeregelt blieb. Griechenlands erster Staatschef, Ioannis Kapodistrias (Capo d'Istria) (1776–1831), verfügte schon auf Grund seiner seinerzeitigen Aktivität als russischer Außenminister über große diplomatische Erfahrung und trug zur Organisation der Verwaltung wesentlich bei. Sein Staat war aber ein paternalistischer und stand zu den freiheitlich-demokratischen Aspirationen der Volksmehrheit in krassem Gegensatz. Zudem ließ Kapodistrias den sogenannten «nationalen Boden» («Ethniki Ji»), die früher den Türken gehörenden, mindestens die Hälfte (nach gewissen Schätzungen sogar zwei Drittel) des bebaubaren Bodens ausmachenden Ländereien, nicht an die besitzlosen Bauern verteilen. Es ist müßig, darüber zu spekulieren, ob das autoritäre Staatsoberhaupt, wie gewisse Historiker behaupten, eine derartige Regelung beabsichtigt habe und bloß nicht mehr dazu gekommen sei, sie in die Tat umzusetzen. Eines steht jedenfalls fest: fünf Sechstel der Bauernschaft blieben besitzlos.

Das arme Volk, die Diakonarej[o]i (Bettler), wie der einstige Freiheitskämpfer und spätere Kritiker des autoritären Kapodistrias-Regimes Jannis Makryjannis (1797[1781?]–1864) die Ikossiena-Aufständischen in seinen «Memoiren» verbittert nennt, fühlte sich um die Früchte seines Kampfes betrogen. Als Sieger aus der nationalen Erhebung gingen in sozioökonomischer Hinsicht gerade jene Kräfte hervor, welche schon unter den Osmanen privilegiert gewesen waren und deshalb in manchem Fall dazu neigten, den revolutionären Elan des Aufstands zu hemmen. In seinem «Kotzabassis von Kastropyrgos» hat uns der griechische Romanschriftsteller M. Karagatsis (1908–1960) das «Psychogramm» eines vielleicht nicht vollends repräsentativen, doch immerhin für ein bestimmtes Klima bezeichnenden Großgrundbesitzers jener Zeit gegeben: «Ihm ging es, so wie die Dinge lagen, gut. Was sollte ihm also eine Epanastassi, ein Aufstand, nützen?» Karagatsis' Psychogramm findet in folgender sich auf die Frage der «Ethniki Ji», der «Nationalgüter», beziehenden Bemerkung des Historikers Tasos Lignadis in der «Geschichte der hellenischen Nation» seine Ergänzung: «Es war natürlich, daß die herrschende Klasse, welche die Verwaltung weitgehend unter ihrer Kontrolle hielt, der Meinung war, die „Ethniki Ji" solle der Verwaltung, dem Staat, gehören.» Am 2. April 1829 hatte Goethe Johann Peter Eckermann prophezeit, Kapodistrias, der kein Soldat sei, werde sich als Erster in einem revolutionären Staat auf die Dauer nicht behaupten können, vielmehr werde er sehr bald eine sekundäre Rolle spielen. «Ich sage Ihnen dieses voraus, und Sie werden es kommen sehen; es liegt in der Natur der Dinge und ist nicht anders möglich.» Diese Prophezeiung ging auf tragischere Weise in Erfüllung, als Goethe hätte ahnen können. Kapodistrias fiel am 27.9./9.10.1831 in Nauplia (Nafplion), der damaligen Hauptstadt des neugriechischen Staates, einem Attentat zum Opfer.

Die mit der Anerkennung der Unabhängigkeit Griechenlands durch die Pforte verknüpfte Ernennung des bayerischen Prinzen Otto zum König (1832) bedeutete im Ergebnis die Errichtung eines von den «Schutzmächten» (England, Rußland, Frankreich) aufoktroyierten und entgegen mancher anderslautenden Erklärung absolutistischen Regimes. Durch die am 3./15.9.1843 erfolgte Revolte der Garnison in Athen, der Hauptstadt Griechenlands seit 1834, wurde die konstitutionelle Monarchie erzwungen, die aber durch Machenschaften der Krone und der mit ihr verbundenen reaktionären politischen Kräfte gekennzeichnet war. «Zuerst führte Ioannis Kolettis Wahlterror und -fälschung großen Stils zur Stabilisierung seines bonapartistischen Regimes ein, nach seinem Tode 1847 übernahmen Regierungen, die sich allein auf das Vertrauen des Hofes stützen konnten, diese Praktiken; Kritik und freiheitliche Regungen wurden mehr und mehr unterdrückt» (Gunnar Hering). Der Politiker Ioannis Kolettis (1774–1847) wurde zu einer der Symbolfiguren jenes verbal übersteigerten Megali-Idea(Große-Idee)-Nationalismus, dessen Hauptfunktion darin bestand, von den dringenden wirtschaftlichen und sozialen Problemen des Landes abzulenken. Kolettis und seine Gesinnungsgenossen sprachen gerne und viel von der Ajia Sophia in Konstantinopel und von der Wiederauferstehung des Byzantinischen Kaiserreiches, taten aber praktisch nichts, um das Los der besitzlosen Bauern zu verbessern. Wie Nikos Svoronos in seiner «Histoire de la Grèce moderne» zutreffend unterstreicht, vereinigt die Megali-Idea-Ideologie in sich die widersprüchlichsten Elemente. Die Kolettis-Variante stellt wohl eine der unrealistischsten und reaktionärsten Formen des facettenreichen Große-Idee-Spektrums dar. Wie gezeigt, hatte der griechische Nationalismus – man könnte in diesem Zusammenhang eigentlich dem Wort Patriotismus den Vorzug geben, um den Beigeschmack zu vermeiden, den für viele Griechen heute Bezeichnungen wie Ethnikismos (Nationalismus), Ethnikofrones (Nationaldenkende) usw. haben – eine geschichtlich bedeutsame Aufgabe zu erfüllen, nämlich den Befreiungsprozeß Griechenlands bzw. die nationale Integration des Hellenentums zu fördern. Damit hatten aber derartige Megali-Idea-Auffassungen nichts zu tun, welche das Rad der Geschichte zurückdrehen wollten und die Flucht in die antike oder die byzantinische Vergangenheit ergriffen, um den politischen und sozioökonomischen Status quo zu zementieren. Außerdem war der verbal übersteigerte Megali-Idea-Nationalismus, wie er in der Politik Kolettis' zum Ausdruck kam, zum Beispiel den Idealen des Rigas aus Pherä diametral entgegengesetzt. Rigas hatte für die Zusammenarbeit aller Balkanländer plädiert, nicht für nationale Überheblichkeit und Intoleranz.

Die wirtschaftliche Entwicklung führte schon im Laufe des 19. Jahrhunderts allmählich zu einem sozialen Wandel, der auch in der Politik seinen Niederschlag fand. Die liberal-bürgerlichen Kräfte gewannen gegenüber den immer noch recht starken Großgrundbesitzern etwas an Boden. Die Polarisierung zwischen dem Hof einerseits und der wachsenden Opposition andererseits führte im Februar 1862 zu einem Aufstand regimefeindlicher Offiziere und Bürger in Nafplion, dann zur Absetzung Ottos (10./22.10.1862). Durch den Einzug der Abgeordneten der an Griechenland abgetretenen Ionischen Inseln (1864) in die Ethniki Synelefsi[s], die Nationalversammlung, erhielten die eine Erneuerung anstrebenden Kräfte eine weitere Stärkung. Die Eingliederung der «fränkisch-venezianisch» angehauchten Sieben Inseln, der Heimatwelt der nationalen Dichter Dionysios Solomos (1798–1857) und Andreas Kalvos (1792–1869), bedeutete für Griechenland nicht nur in geistig-kultureller Hinsicht eine Bereicherung, sondern auch politisch. Die Sieben Inseln sind ein Kosmos, der heute noch, beispielsweise in diesem oder jenem Stadtteil Korfus (Abb. 108, 109), trotz mancher «modernen» Erscheinung etwas von der Atmosphäre des 19. Jahrhunderts vermittelt, wie wir ihr beim Werk des Malers Charalambos Pachis (1844–1891) begegnen. Die politische Bereicherung Griechenlands resultierte daraus, daß die radikale und konsequente Ablehnung antidemokratischer politischer und gesellschaftlicher Formen auf den Ionischen Inseln nicht zuletzt unter dem Einfluß entsprechender ideologischer Strömungen Italiens vor allem seit den Aufständen der Jahre 1848 und 1849 in Kefalinia (Kefalonia) Wurzeln geschlagen hatte. Die 1864 verabschiedete neue griechische Verfassung hatte formalrechtlich einen weitgehend demokratischen Charakter. Der im Jahre 1863 als Georg I. zum König ernannte neue Monarch aus dem Hause Schleswig-Holstein-Sonderburg-Glücksburg mußte im Jahre 1875 auf Drängen der liberal-demokratischen Kräfte das Prinzip anerkennen, daß er sich als Staatsoberhaupt bei der Ernennung des Ministerpräsidenten dem Willen der Mehrheit des Parlaments zu fügen habe.

Dieses Prinzip ist unter der Bezeichnung «Dedilomeni» (= erklärtes [Vertrauen der Volksvertreter]) und in enger Verknüpfung mit dem Namen des Politikers Charilaos Trikoupis (1832–1896) in die griechische Geschichte eingegangen. Im Rahmen der konstitutionellen Monarchie wurde Trikoupis, einer der bedeutendsten Staatsmänner der neugriechischen Geschichte, in mancher Hinsicht zum Wortführer des aufsteigenden griechischen Bürgertums. Als Ministerpräsident bemühte er sich unter anderem um die Förderung des Verkehrswesens und den Schutz der Beamtenschaft vor Pressionen sowie um die Gesundung des weitgehend personalisierten und prinzipienlosen parteipolitischen Lebens. In jener Zeit hatte der hellenische Handelskapitalismus bemerkenswerte Fortschritte zu verzeichnen, und es wurden wichtige Voraussetzungen für den Aufbau einer einheimischen Industrie geschaffen. Dabei spielte auch die Unternehmertätigkeit finanzstarker, über gute Beziehungen zum ausländischen Kapital (Hambros, Comptoir National d'Escompte u. a.) verfügender Griechen der Diaspora eine nicht zu unterschätzende Rolle. Andreas Syngros (1830–1899), in Konstantinopel reich geworden, ließ sich in Athen nieder und entfaltete dort eine rege und vielfältige unternehmerische Aktivität. Er war zum Beispiel der Spiritus rector der Gesellschaft, welche die Arbeiten zum Durchstich des Kanals von Korinth (Abb. 67) vollendete. Zu den Diaspora-Griechen zählten und zählen Gestalten, die den Geschäftssinn mit Ehrgeiz bzw. mit jenem spezifisch hellenischen Ehrgefühl, dem Filotimo, auf bemerkenswerte Weise verbinden. So war und ist mancher von diesen Hellenen gerissener Geschäftsmann und, wie es in Griechenland heißt, «nationaler Wohltäter» zugleich. Evangelos Zappas (1800–1865) und dessen Vetter Konstantinos Zappas (1813[?]–1892) gehören zu den bekanntesten Vertretern der Wohltätertradition, deren Bedeutung für das Hellas der Gegenwart nicht zuletzt auch das neoklassizistische Ausstellungsgebäude Zappeion (1874–1888) (Abb. 99) illustriert. Ursprünglich stand das Zappeion-Projekt in Verbindung mit der die Seelen der Griechen immer wieder anfeuernden «Olympischen Idee», und zwar mit dem Plan der regelmäßigen Durchführung der Olympischen Spiele nicht in Olympia, wo später das Herz Pierre Coubertins (1863–1937) beigesetzt wurde (Abb. 98), sondern in Athen. Wie die in der letzten Zeit intensivierten Bemühungen Griechenlands um die «Rückkehr der Olympischen Spiele in ihr Ursprungsland» zeigen, sind Visionen wie jene des 19. Jahrhunderts nicht völlig verblaßt, obschon sie viel von ihrer damaligen Romantik eingebüßt haben.

Um die Jahrhundertwende war das Gesicht Griechenlands trotz der festgestellten Stärkung der bürgerlichen Schichten und trotz dem vor allem 1871 erfolgten Erlaß bestimmter Vorschriften betreffend Abtretung von «Nationalgütern» an Bauern weitgehend dasjenige eines «agrarfeudalistisch» strukturierten Landes, zumal im 1881 annektierten Thessalien (samt Bezirk Arta), aber auch in Euböa, Attika und Böotien der Großgrundbesitz eine dominierende Stellung einnahm. Eine Trennungslinie zwischen Tsiflikades (Großgrundbesitzern) und Unternehmern war dabei in vielen Fällen kaum zu ziehen; so war zum Beispiel mancher Diaspora-Grieche in beiden Sektoren präsent. Die Niederlage gegen die Türkei im Jahre 1897 und die für Griechenland demütigende Internationale Finanzkontrolle (1898) führten zu einer immer spürbarer werdenden Krisensituation. 1909, in dem Jahre, das von allen griechischen Historikern als wichtige Zäsur in der Geschichte des Landes betrachtet wird, wurde der kretische Politiker Eleftherios Venizelos (1864–1936) vom Stratiotikos Syndesmos, einer Militärliga, die gegen die Herrschaftspraktiken der Krone und der «alten politischen Welt» revoltiert hatte, als politischer Berater nach Athen berufen. Ein Jahr später gründete er die Liberale Partei (Komma Ton Fileleftheron) und übernahm das Amt des Ministerpräsidenten. Venizelos hatte im damals autonomen Kreta, in der sogenannten Kritiki Politeia (Politia), für die Vereinigung (Enosis) der Insel mit dem «Mutterland» gekämpft und sich als Verfechter eines mit nationalen Anliegen verbundenen Liberalismus einen über die Grenzen seiner engeren Heimat hinausreichenden Ruf erworben. Seine hervorragende Persönlichkeit prägte das Gesicht des heutigen Griechenland in vielfacher Hinsicht. In der Ära Venizelos' errang das Bürgertum innerhalb des sozialen Gefüges die Vorherrschaft.

Es war eine Zeit grundlegender Reformen auf den Gebieten der Verwaltung, der Justiz, des Schul- und des Militärwesens, und in Zusammenhang damit gelang es dem großen Kreter, dank ausgeprägtem politischem Sensorium durch eine geschickte Außenpolitik das Territorium Griechenlands in hohem Maße zu erweitern. Die bereits erwähnte Vision des «Griechenlands der zwei Kontinente und der fünf Meere» konnte allerdings nicht Wirklichkeit werden. Ihre Realisierung scheiterte an verschiedenen widrigen Umständen, nicht zuletzt an der Obstruktion der royalistisch-konservativen Kräfte um König Konstantin I. (1913–1917, 1920–1922) sowie am entschlossenen Abwehrkampf des hervorragenden türkischen Staatsmannes Kemal Atatürk (1881–1938). Mit der Kleinasiatischen Katastrophe (1922) war der Traum der Megali Idea – trotz dem Fortbestehen dieses oder jenes großgriechisch-nationalistischen Ideologieelementes und trotz der Existenz unerfüllter nationaler Anliegen – im Grunde ausgeträumt. Venizelos war realistisch genug, um 1930 einen Freundschaftsvertrag mit dem einstigen Erzfeind, der Türkei, abzuschließen und damit eine Diplomatie einzuleiten, die unter die langjährigen Auseinandersetzungen einen Schlußpunkt setzen sollte. Die venizelistische Bewegung, welche von Anbeginn an eine von einer charismatischen Persönlichkeit proklamierte nationale Zielsetzung verfolgte, war – und das macht ihre nicht zu unterschätzende soziale Komponente aus – auch die treibende Kraft für die schon längst dringend notwendigen Agrarreformen. Die Verteilung der Tsiflikia, deren Gewicht innerhalb der griechischen Gesellschaft wegen der Annexion von Makedonien, Epirus und Thrazien im Steigen begriffen war, an die besitzlosen Bauern wurde hauptsächlich in der Periode 1917–1923 (zum Teil bis 1925) trotz starkem Widerstand der Großgrundbesitzer durchgeführt. Die Agrarreformen erfolgten allerdings wegen der Verknüpfung der Innenpolitik mit den nationalen Anliegen und insbesondere wegen der Notwendigkeit der Aufnahme zahlreicher Flüchtlinge aus Kleinasien nicht immer auf rationellen Grundlagen.

Hierin liegt einer der Gründe für die Tatsache, daß die griechische Landwirtschaft heute durch das Vorherrschen von Kleinstbetrieben, die Zersplitterung des Besitzes, den niedrigen Mechanisierungsgrad und die aus all diesen Fakten resultierende niedrige Produktivität gekennzeichnet ist. Diese Strukturschwächen sind dann auch durch das Gesetz 2185/1952 im Grunde akzentuiert worden. Die Flurbereinigungsanstrengungen werden vielfach durch die Teilung des Bodens bei Erbschaften, die Mitgiftsitten und den Individualismus der Griechen neutralisiert. Das Genossenschaftswesen ist zwar entwickelt, jedoch nicht so sehr auf der Produktionsstufe, sondern vor allem im Kreditsektor. Die landwirtschaftlichen Kooperativen, welche zahlenmäßig eine eindrückliche Macht darzustellen scheinen, sind faktisch von der Kredite gewährenden Agrarbank (Agrotiki Trapeza Ellados) abhängig. Im Vergleich zur Europäischen Gemeinschaft, deren Mitglied Griechenland seit dem 1. Januar 1981 ist, nimmt der Agrarsektor, wenn man auf die Zahl der Erwerbstätigen in der Landwirtschaft abstellt (die leider nicht immer einwandfreien Schätzungen variieren zwischen 25 und 30% der Gesamtzahl der Erwerbstätigen), noch einen ziemlich großen Platz innerhalb der gesamten wirtschaftlichen Aktivität ein. Wegen der niedrigen Produktivität aber ist die Landwirtschaft mit nur 14%, nach anderen Schätzungen 17–18%, an der Erzeugung des Bruttoinlandsprodukts beteiligt. Langfristiges agrarpolitisches Ziel ist in Griechenland daher die Steigerung der Produktivität, was allerdings weitgehende Strukturreformen voraussetzt. Zur kurzfristigen Zielsetzung gehört unter anderem die Einkommenssteigerung durch die Stützungsmechanismen der Europäischen Gemeinschaft, womit wiederum die Gefahr der Überschußbildung bestimmter Produkte (Orangen, Wein, Tomaten, Pfirsiche) bzw. der Stärkung der inflationären Tendenzen verbunden ist.

Im Laufe der Zeit machte sich eine Erlahmung der sozialpolitischen Dynamik der venizelistischen Liberalen bemerkbar. Das hatte unter anderem die Bildung bzw. relative Stärkung von Gruppen und

Parteien zur Folge, die ein größeres soziales Engagement aufwiesen. Hierher gehört zum Beispiel die sogenannte «Gruppe der Soziologen», aus der die von Alexandros Papanastasiou (1876–1936), dem «Vater der ersten griechischen Republik» (1924–1935), gegründete Dimokratiki Enosi (Demokratische Union) hervorging. Andererseits begünstigten vielfältige Instabilitätserscheinungen die Restaurationsbestrebungen royalistisch-reaktionärer Elemente, denen es 1935 durch ein gefälschtes Plebiszit gelang, König Georg II. (1922–1924, 1935–1947) zurückzuholen. Die Restauration bedeutete innenpolitisch eine empfindliche Niederlage für den griechischen Liberalismus. Die Liberale Partei Venizelos' existiert heute nicht mehr. Zum Teil hängt dies mit der Tatsache zusammen, daß jene politische Formation von Anfang an mit der Person ihres charismatischen Führers stand und fiel. Zum Niedergang der Liberalen Partei haben jedoch auch andere Ursachen beigetragen. In den Perioden der Diktatur General Metaxas' (1936–1941), der sicherlich kein «Diktator wider Willen» (Johannes Gaitanides) war, der fremden Besetzung (1941–1944), des Bürgerkriegs (1946–1949), der Dominanz der traditionellen Rechten (1953–1963) und der Militärdiktatur (1967–1974) vermochte sich der politische Liberalismus nicht zu einer ausschlaggebenden Kraft zu formieren. Während der fremden Okkupation (1941–1944) fand im Zuge der Résistance gegen die deutschen Nazis und die italienischen Faschisten eine Radikalisierung eines großen Teils der Bevölkerung statt, die unter anderem dazu führte, daß die KP Griechenlands (KKE) zu einem der wichtigsten Faktoren der politischen Entwicklungen im Lande wurde. Die Diadochen Venizelos' unterließen es damals im allgemeinen, das Nötige zu tun, um nicht den Kommunisten und anderen Linkskräften das Feld zu überlassen. Nach dem Ende des Bürgerkrieges (1946–1949) erhoffte sich ein großer Teil der griechischen Wählerschaft von den liberalen Zentrumsparteien die innere Befriedung des Landes. Der liberale Kurs scheiterte aber teils an der Polarisierung der Kräfte, teils an den zahlreichen äußeren Einmischungen und den verschärften internationalen Spannungen. Das Intermezzo der Regierungszeit der von Georgios Papandreou angeführten Zentrumsunion (1963–1965) endete mit einer Systemkrise (1965–1967), die zur Diktatur der Obristen (1967–1974) führte. Abgesehen davon war die Zentrumsunion von Anbeginn an ein Konglomerat liberaler, sozialdemokratischer, sozialistischer und anderer Strömungen, die keineswegs harmonisch koexistierten.

Es wäre zweifelsohne unrichtig, wenn man alle Schattenseiten der turbulenten politischen Geschichte Griechenlands in der Neuzeit monokausal auf die Schwächen der sozialen Struktur des Landes zurückführen möchte. Doch mancher Rückschritt oder Mißerfolg hängt letzten Endes sicherlich auch mit der Tatsache zusammen, daß die Industrialisierung des Landes trotz beachtlichen Fortschritten in dieser Richtung immer noch nicht das Niveau derjenigen in den entwickelten europäischen Staaten erreicht hat. Daran ist nicht zuletzt die verspätete und vielfach mangelhafte Regelung der Agrarfrage schuld, ein Faktor, der die Schaffung eines die Entstehung einer einheimischen Industrie begünstigenden Binnenmarktes verhinderte oder doch hemmte. Die Zeit zwischen den beiden Weltkriegen war zwar, wie Richard M. Westebbe im «Südosteuropa-Handbuch», Band III, richtig bemerkt, eine Ära, in der sich die «Feindlichkeit» gegenüber der Industrie in «Schätzung» verwandelte. Trotz der Weltwirtschaftskrise kam es in jener Ära – nicht zuletzt dank dem Know-how der kleinasiatischen Flüchtlinge – zu einem verhältnismäßig raschen Industrialisierungstempo. Doch «Griechenland repräsentierte einen kleinen Markt mit großen Einkommensunterschieden» (Westebbe: "Greece represented a small market with wide disparities in income"). Obschon zuverlässige statistische Angaben fehlen, kann man bei der Beurteilung der sozioökonomischen Entwicklung etwa davon ausgehen, daß in der Zeitspanne 1946–1979 die Beteiligung der Industrie am Bruttoinlandsprodukt trotz verschiedenen Schwankungen mindestens verdoppelt werden konnte. Es gibt Schätzungen, wonach diese Beteiligung gegenwärtig etwa 30%, nach anderen Berechnungen sogar ein Drittel, des BIP betrage. Wie dem auch sei, der Kommentar eines griechischen Industriellen zur Entwicklung trifft den Kern der Dinge: «Ein großer Fortschritt, doch nicht derjenige, der Griechenland den Charakter eines Industrielandes verleihen würde.» Viele Industriezweige sind von der Landwirtschaft abhängig (Konservenindustrie, Verarbeitung von Tabak und Baumwolle usw.). Die Plastikverarbeitung und der Maschinenbau liegen auf den hinteren Plätzen. Die Textil-, die Kleider- und die Lebensmittelindustrie weisen immer noch einen großen

Anteil an der industriellen Gesamtproduktion auf. Die starke Konzentration der Metallerzeugungsbetriebe sowie der Produktion von chemischen Erzeugnissen und Elektrogeräten auf den Raum Athen/Piräus bildet weiterhin ein Charakteristikum der sozioökonomischen Struktur Griechenlands. Die Dezentralisierungsbestrebungen stoßen auf starke Hindernisse. Wie die EG-Kommission seinerzeit zutreffend unterstrich, stellen die regionalen Ungleichgewichte für Griechenland ein nicht leicht zu bewältigendes Problem dar. Das zehnte Mitglied der Europäischen Gemeinschaft muß vor allem eine konkurrenzfähige, auf Schutzzölle nicht angewiesene und, last but not least, umweltfreundliche Schwerindustrie aufbauen. Die einheimische Industrie besteht weitgehend aus Unternehmen mit weniger als zehn Arbeitern und wird vielfach von «Familienfirmen» dominiert, die sich gegen Rationalisierung und Modernisierung der Produktion sträuben. Die Fragmentierung bildet einen ernstzunehmenden negativen Faktor, den man nicht bagatellisieren darf. Wenn keine Strukturreformen vorgenommen werden, ist die Gefahr des Massensterbens der sogenannten Mikromesai[o]i (der kleinen und mittleren Betriebe) nicht von der Hand zu weisen. Auf dem Sektor der kleinen und mittelständischen Unternehmen wirkt sich jener hellenische Individualismus negativ aus, der auf dem Gebiet der Handelsflotte entscheidend zu eindrücklichen Erfolgen beigetragen hat.

Wegen des anteilmäßig weiterhin recht starken Agrarsektors ist Griechenland von der Stufe eines «vollindustrialisierten» Landes noch ziemlich weit enfernt. Das kommt nicht zuletzt auch im Gefälle von Stadt zu Land zum Ausdruck. Etliche «Momentaufnahmen» im Griechenland der Gegenwart, etwa eine Parea (Gruppe) um einen Tisch herum sitzender Inselleute, ein Flötenspieler (Abb. 90), ein schwarz gekleidetes Großmütterchen (Abb. 93), auf Eseln zur Feldarbeit reitende Bäuerinnen (Abb. 101), «bukolische» Szenen (Abb. 100, 104, 105), das Chtapodi-«Ritual», d. h. das Klopfen des «Achtfüßers» (Oktopoden) am Quai (Abb. 102), die mit dem Flicken eines Netzes beschäftigten Fischer (Abb. 103), das reizvolle Interieur eines Hauses (Abb. 111) bzw. eines Kafenion, der «Agora» von heute (Abb. 112), eine ruhige Gasse in Lindos (Rhodos) (Abb. 118), eine malerische, alte Haustüre auf Kea (Abb. 119) oder schließlich in antiker Nähe auf dem Felde arbeitende Menschen (Abb. 122), vermitteln das reizvolle Bild eines beinahe idyllisch anmutenden, vom – sicherlich in mancher Hinsicht fragwürdigen – «Segen» der Industrialisierung nicht erreichten und somit auch von den Schattenseiten der Technisierung verschonten Hellas. Aber dieses für nonkonformistische Reisende aus dem Westen bezaubernde Griechenland erscheint in den Augen manches griechischen Provinzlers, der sich nach dem Großstadtleben sehnt, ein Anachronismus. Begeistert sich der von der modernen Technologie gesättigte westliche Tourist etwa für das «Dolcefarniente» (Abb. 93, 95, 106) oder für die hübschen weißen Inselhäuschen (Abb. 107), so beklagt die ländliche Bevölkerung Griechenlands – im Prinzip nicht zu Unrecht – die Tatsache, daß das Leben in der Provinz in mancher Hinsicht qualitativ defizitär sei. Dabei werden zur Provinz nicht nur Dörfer, sondern oft auch Kleinstädte wie etwa Argos (Abb. 110) auf der Peloponnes oder Ermupolis (Hermupolis) auf Syros (Abb. 113) gezählt, ja unter Umständen alle Ortschaften außerhalb des Ballungsraumes Athen/Piräus. Die Folgen sind Landflucht, überstürzte Vergroßstädterung, Enttäuschung der Neuankömmlinge, da die hochgeschraubten Erwartungen in der Großstadt nicht erfüllt werden, Konfliktsituationen, sozialpolitischer Zündstoff sowie Radikalisierung und Polarisierung der politischen Kräfte.

Die Entwicklung der Verstädterung, so kann man in einem Aufsatz über die Sozialstruktur Griechenlands (Franz Ronneberger, unter Mitarbeit von Georg Mergl, «Südosteuropa-Handbuch», Band III) lesen, «korrespondiert zwar in erster Linie mit der Verlagerung der Verdienstmöglichkeiten zwischen Stadt und Land, dürfte aber im griechischen Falle außerdem durch die Komponente der nationalen Mentalität verschärft werden». Das Image des Griechentums verbinde sich eher mit dem Typus des Städters, Händlers und Seefahrers als mit dem des Bauern, was selbstverständlich nicht ausschließe, daß die Masse der Bevölkerung bis noch in unser Jahrhundert hinein von der Landwirtschaft gelebt habe. Verglichen mit anderen südosteuropäischen und mediterranen Kulturen, erscheine uns die griechische deutlich als eine urbane, und es sei daher anzunehmen, daß der Drang in die Stadt in der Gegenwart nicht allein ökonomisch bedingt sei. Diese Bemerkungen beleuchten zwar einen der Aspekte der griechischen Gesellschaftsstruktur, dürfen aber nicht verabsolutiert werden. Wegen des überstürzten Tempos der Verstädterung sind im Schoße der städtischen Gesellschaft Griechenlands noch bzw. wieder etliche «provinziell-bäurische» Elemente anzutreffen, deren Existenz die erwähnten Konflikte in den Großstädten, vor allem in Athen, naturgemäß nur akzentuiert. Aus diesem Grunde erweist sich das urbane oder gar kosmopolitische Image des städtischen Griechentums bei näherem Hinsehen in mancher Beziehung als illusorisch und trügerisch. Hinter der «städtisch-kosmopolitischen» Fassade verbirgt sich – so nicht zuletzt etwa auch im Bereiche der Lebensgewohnheiten, der Auffassungen über die Stellung des Ehemannes, der Mitgiftbräuche, der Erziehung der Kinder, des Geschmacks und des Kunstverständnisses – jenes, um es so zu formulieren, nach Thymari (Thymian) duftende «rumeliotische» Griechentum, das der «romantische Realist» Patrick Leigh Fermor zum Gegenstand seiner «privaten Invasionen» gemacht hat. Um städtischen «Rumeliotes» («Rumelioten») zu begegnen, braucht man nicht einmal «populärere» Gebiete Großathens, wie etwa Ägaleo (Abb. 123), auszukundschaften oder den Athener Markt, die Agora (Abb. 94), zu besichtigen, deren Hallen mit den Ladenreihen gleicher Gattung heute noch an einen osmanisch-orientalischen Basar erinnern und worin mancher Käufer bzw. manche Käuferin «bäurisch-provinziellen» Menschenschlages anzutreffen ist. Sieht oder hört man aufmerksam hin, so entdeckt man «Rumeliotes» beispielsweise auch im vornehmen Kolonaki-Quartier der griechischen Hauptstadt.

Das scheint für eine erstaunliche Mobilität innerhalb des Gefüges der neugriechischen Gesellschaft und zwar nicht nur in horizontaler, sondern auch in vertikaler Richtung zu sprechen, für eine unstarre und flexible Struktur also, die den sozialen Aufstieg ermöglicht und erleichtert. Auch das darf aber wiederum nicht verabsolutiert werden. Der beinahe fanatische Wille der Eltern, ihre Kinder in den Genuß der bestmöglichen Bildung kommen zu lassen, gehört zweifelsohne zu den sehr positiven Merkmalen der hellenischen Volkstradition. Der im «klassisch» gewordenen Kinderbuch «Ta Psila Vuna» («Die hohen Berge») des griechischen Schriftstellers Zacharias Papantoniou (1877–1940) geschilderte Aufstieg des Hirtenknaben Lambros zum Lehrer ist für die hohe Wertschätzung der Bildung, der «Grammata», im griechischen Volksbewußtsein aufschlußreich. Manch «einfacher Grieche», ein Schuhmacher oder sonst ein Handwerker etwa, erachtet es als Ehrenpflicht und Prestigegewinn, unter großen Opfern seinen Sohn oder seine Tochter auf die Universität zu schicken. Der Anblick eines mit Schulaufgaben beschäftigten Knaben oder Mädchens «aus dem Volk» (Abb. 88) erzeugt unwillkürlich Reminiszenzen an das zum Teil mit Legendenbildung verknüpfte, aber dennoch die Wiß- und Lernbegierde des griechischen Volkes illustrierende «Kryfo Scholio», an die «Geheime Schule» der Hellenen unter der Türkenherrschaft. Andererseits bildet selbst die Erlernung eines Akademikerberufes keine Garantie für einen echten sozialen Aufstieg. Das «intellektuelle Proletariat» im großstädtischen Griechenland – allein in Athen «arbeiten» über 10 000 Rechtsanwälte – gehört ebenfalls zum Bild des Hellas der Gegenwart.

Doch damit nicht genug. Nicht zuletzt unter dem Einfluß der Megali Idea bzw. der Auseinandersetzung mit der Doktrin Fallmerayers huldigte Griechenland nach der Abschüttelung der Türkenherrschaft jahrzehntelang der sogenannten Reinsprache (Katharevussa), einer antikisierenden Sprache, die weitgehend auf den grammatischen Regeln des Attischen, des Dialekts der alten Athener, beruhte. Die Auswirkungen auf die Erziehung, aber auch auf die sozioökonomische Entwicklung waren trotz dem partiellen schulreformerischen Intermezzo der Venizelisten verheerend. Nach einem langen Hin und Her brachte der Regimewechsel vom Sommer 1974 endlich wesentliche Voraussetzungen für eine freiheitlich-demokratisch orientierte Erziehungs- und Kulturpolitik. Der Regierung Konstantinos Karamanlis kommt das Verdienst zu, daß sie im Jahre 1976, im Grunde die Postulate der 1964 erfolgten Erziehungs- und Sprachreform, der Ekpedeftiki Metarythmissi, Georgios Papandreous (1888–1968) übernehmend, einen neuen Anlauf zur Bewältigung der Sprach- und Erziehungsfrage nahm. Anerkennung der Dimotiki (Volkssprache) als Unterrichtssprache, neunjähriges Schulobligatorium, partielles Abrücken vom Gedanken des klassischen Gymnasiums und Förderung der Berufsschulen waren Schwerpunkte der beschlossenen Reformen. Das Klima war günstig. Regierung und Opposition waren sich hinsichtlich des Reformprogramms grundsätzlich einig. Der damalige

Erziehungsminister Georgios Rallis genoß die Unterstützung bekannter Persönlichkeiten des Oppositionslagers, insbesondere des Gelehrten Evangelos Papanoutsos, der bei der papandreistischen Sprach- und Erziehungsreform entscheidend mitgewirkt hatte. Doch die zweifellos richtigen Reformpläne wurden in der Praxis nicht mit raschen strukturellen Änderungen gekoppelt. Es nützt nicht viel, wenn man Neuerungen proklamiert, die zum Beispiel wegen der notorischen Ineffizienz der griechischen Staatsmaschinerie weitgehend bloß auf dem Papier bleiben. Zudem gibt es im Staatsapparat immer noch Kräfte, die nicht an die Dimotiki und überhaupt nicht an die Notwendigkeit einer Modernisierung des Erziehungssektors glauben.

Daß die neugriechische Gesellschaft trotz aller Mobilität gegenüber den unteren sozialen Schichten manche nicht leicht zu überwindende Barriere aufweist, ist nicht zuletzt aus dem Vorhandensein der «Tzakia», der «Familiendynastien», sowohl in der Wirtschaft als auch in der Politik, ersichtlich. Der These N. Mouzelis' und M. Attalides', wonach sich innerhalb der Oberschicht (Reeder, Bankiers, Großkaufleute, Unternehmer, wohlhabende Freiberufler usw.) sogar eine höchstprivilegierte «aristokratische» Gruppe unterscheiden lasse, haftet zwar, gerade was das «Aristokratische» anbelangt, eine zu starke Schematisierung an. Doch die Existenz mehr oder weniger geschlossener Dynastien läßt sich nicht leugnen. Man braucht nur einen Blick auf bestimmte Kolumnen gewisser Athener Blätter zu werfen, um festzustellen, daß es ein wirtschaftliches, soziales und politisches Leben gibt, welches sich in mehr oder weniger denselben Kreisen abspielt. Es gibt zwar auch die zum Teil sensationellen Einzelgänger-Lebensläufe, welche sich von der Tzakia-Tradition abheben. Hierher gehört etwa die Karriere des «strengen Makedoniers» Konstantinos Karamanlis, dessen Name den hochnäsigen Athenern und Athenerinnen nichts bedeutete, als er, ein «Dikigoriskos», ein «Anwältchen», von der nördlichen Provinzortschaft Serres, es mit den alteingesessenen Politikerdynastien aus dem intrigenreichen Süden aufnahm. Sein makedonischer Akzent verriet den Provinzler. Er hatte keine glänzenden Studien im Ausland vorzuweisen. Trotz imponierendem Äußerem merkte man ihm an, daß er nicht zu den sogenannt besseren Kreisen der Athener Gesellschaft gehörte. Und dennoch. Nach einem teilweise sehr bewegten Lebenslauf stieg Karamanlis 1980 sogar ins höchste Amt seines Landes auf. Allerdings: ohne die Gunst der Krone (1955) wäre vielleicht auch die Karriere dieses Politikers, den mancher Grieche im gleichen Atemzug mit Charilaos Trikoupis und Eleftherios Venizelos nennt, in dieser oder jener Hinsicht anders verlaufen. Wie dem auch sei, die Einzelgänger-Lebensläufe muten gerade deshalb so sensationell an, weil sie die sonst gültige Regel des Aufstiegs dank Unterstützung der Dynastie durchbrechen.

Die industriegesellschaftliche Modernisierung Griechenlands wird unter anderem durch den Umstand gehemmt, daß der griechische Unternehmer eher der Typus des Händlers und Seefahrers und weniger derjenige des langfristig planenden, auf immediaten Großgewinn verzichtenden, in puritanischen Dimensionen im Sinne Max Webers denkenden und handelnden Industriellen ist. Angesichts dieses Umstandes ist es oft schwierig, mit Sicherheit festzustellen, wo echte Kapitalknappheit und wo mangelnde Investitionsfreudigkeit vorliegt. Das im Vergleich zur industriellen Aktivität übermäßige Anschwellen des tertiären Sektors hängt sicherlich auch mit der gemachten Feststellung zusammen. Und die mangelnde Industrialisierung färbt bei der gesamten sozialen Schichtung ab. «Bezeichnend ist, daß sich diese Schichtstruktur nicht nach „unten“ wie in den entwickelten Industriegesellschaften, sondern nach „oben“ hin differenziert. In den komplexen Gesellschaften der westlichen Industrieländer unterscheidet man weit mehr soziale Schichten im mittleren und unteren Bereich... In Griechenland erinnert die zahlenmäßige Verteilung der sozialen Schichten eher an die Gestalt einer Pyramide, während sie beispielsweise in der Bundesrepublik mehr durch Zwiebelform bestimmt ist.» (Ronneberger/Mergl.) In der Zeitspanne 1974–1980, in einer Periode, in der viel Positives, etwa durch die Sicherung eines freiheitlich-demokratischen Klimas bzw. durch die auf Grund eines freien Volksentscheids erfolgte Errichtung der Republik (1974), geleistet wurde, blieben leider die notwendigen Strukturreformen auf den Gebieten der Industrie, der Landwirtschaft, der Regionalpolitik und der Administration aus. Von der Außenpolitik absorbiert, um den Ruf des «großen Europäers» bemüht, innerlich immer mit der quälenden Frage beschäftigt, wie er in die Geschichte eingehen werde, vernachläßigte Karamanlis eine Reihe schwerwiegender innenpolitischer Probleme. Das führte dazu, daß das «Europajahr» Griechenlands, 1981, mit der Belastung manch schwerer sozioökonomischer und politischer Hypothek begann. Die hellenische Europazukunft steht deshalb zum Teil im Zeichen eines Entweder-Oder-Denkens: Hier Europa-Euphorie, dort ein warnendes «Lasciate ogni speranza». Hier diejenigen, die sich von der EG-Zugehörigkeit das Paradies auf Erden versprechen, dort die Andersdenkenden, welche, wie etwa der von seinen Anhängern vergötterte Führer der Panhellenischen Sozialistischen Bewegung (Pasok), Andreas Papandreou, von der «ungleichen Entwicklung in der Metropole und in der Peripherie des Kapitalismus» ausgehend, die volle Integration ihres Landes in die Brüsseler Organisation zumindest skeptisch, wenn nicht sogar ganz ablehnend, betrachten.

So scheinen in der Brust der Hellenen zwei Seelen zu wohnen. Griechenland gehört geographisch, kulturell und geschichtlich zu Europa. Es hat aber gleichzeitig eine Außenposition inne, ist mit anderen Worten eine Brücke unseres Kontinents zu Asien und Afrika. Das hat Folgen. In allen Lebensbereichen – von der Volkskultur bis zum religiös-kirchlichen Sektor. Gerade im letzteren offenbart sich immer wieder, daß das Land der heutigen Griechen nicht nur zum antiken Hellas, der Geburtsstätte Europas, sondern auch zu Konstantinopel manche Affinität aufweist, zu jener königlichen Stadt also, welche am Schnittpunkt zweier Kontinente lag. Zwar macht sich – nicht zuletzt auch seit dem lächerlichen «Graecochristentum» der Obristen (1967–1974) – eine gewisse Entfremdung eines großen Teils des griechischen Volkes von den führenden Kreisen der «etablierten» kirchlichen Orthodoxie bemerkbar. Andererseits gehört die Orthodoxe Kirche, das Kloster Kechrovouni (Kechrovuni)(Abb. 116) auf Tinos (Abb. 117) etwa, der schlichte Ikonostas eines einsamen Kirchleins (Abb. 120, 121), die nicht selten heftig kritisierten und doch unentbehrlichen Papades (Popen) (Abb. 96), die Liturgie (Abb. 114), das Nekrotafio (der Friedhof) (Abb. 115) ebenfalls zum Image des heutigen Griechentums. Im orthodoxen Brauchtum, das nicht selten eben mehr Ritual als Ausdruck echter Religiosität darstellt, kommt verschiedentlich zum Ausdruck, daß manchem Hellenen «aus dem Volk» Byzanz näher liegt als die museal anmutende Antike (Abb. 91), geschweige denn als klassizisierende Schöpfungen wie das Achilleion (Achillion) auf Korfu (Abb. 92). Kein Wunder, daß einer der populärsten Künstler Griechenlands, der betont progressive Komponist Mikis Theodorakis, die Wurzeln seiner Schöpfung zum Teil in der byzantinischen Kirchenmusik erblickt. Hier verlieren sich die Grenzen zwischen Progressismus und Konservatismus – eine Erscheinung, die man bei manchem «linken» Griechen beobachten kann. Daß die Orthodoxie weitgehend immer noch als kirchliche und nationale Institution zugleich empfunden wird, versteht sich. Seit Kanaris, Miaoulis und Kolokotronis während der heroischen Zeit der «griechischen Wiedergeburt» nach Tinos wallfahrteten, um Kerzen vor der Evangelistria-Ikone anzuzünden, nehmen Militär und Regierungsbehörden an den Inselfesten regelmäßig teil.

Griechenlands Europa-Verständnis ist so zwiespältig wie seine Beziehung zur eigenen Vergangenheit, deren Würde auch Bürde ist. Bald klopft das Herz der Hellenen heidnisch-antik, bald rhomäisch-byzantinisch. «Es war der orthodoxe Glaube», kann man in Steven Runcimans Buch «Das Patriarchat von Konstantinopel» nachlesen, «der in den dunklen Jahrhunderten den Hellenismus am Leben erhielt; doch ohne die moralische Kraft des Hellenismus wäre der orthodoxe Glaube selbst vielleicht verwelkt und abgestorben.» Der europäische Humanismus traditioneller Prägung hat vor allem das heidnisch-antike Land der Griechen mit der Seele gesucht. Jedoch, so wie das Griechentum auf Europa angewiesen ist, so wäre auch Europa ohne das ganze Hellas – das Griechenland ohne Säulen bzw. dasjenige einer Akropolis hinter Starkstrommasten (Abb. 124) mit eingeschlossen – ein Fragment.

Schülerin in Ajia Rumeli (Kreta).

Massenversammlung in Kozani.

Flötenspieler.

91

Im Nationalmuseum in Athen.

Neoklassizistische Statuen im Park des Achilleion auf Korfu, jenes Schlosses, das 1890/91 für die österreichische Kaiserin Elisabeth («Sissy») gebaut und 1907 von Kaiser Wilhelm II. gekauft worden war.

Siesta im Kafenion.

94

Fleischmarkt an der Athinas-Straße in Athen.

95

Siesta auf Mykonos.

96

Gruppe von orthodoxen Priestern in Kozani.

Syros. Denkmal für Admiral Andreas Miaoulis (1769–1835), Führer der im Freiheitskampf gegen die Türken siegreichen griechischen Flotte.

98

Olympia. Das Herz von Pierre Coubertin (1863–1937), dem Neubegründer der Olympischen Spiele, ist in diesem Denkmal beigesetzt.

99

Das Ausstellungsgebäude «Zappeion» (Athen), dessen Name an die Vettern Evangelos und Konstantinos Zappas, «die nationalen Wohltäter», erinnert.

Bukolische Szene.

▷ Bäuerinnen auf Korfu.

103

◁ Weichschlagen eines «Tintenfisches» (Chtapodi) auf Andros.

Fischer auf Naxos.

Auf Kerkyra (Korfu).

▷ *Heimkehr von der Arbeit bei Kastro, in der Nähe von Argos.*

Auf Therasia.

Bauerngehöft bei Ermupolis auf Syros.

108

Altstadt von Kerkyra (Korfu).

109

Galerie mit Kafenion in Kerkyra (Korfu).

Argos, von der Burg Argisa aus gesehen. Im Hintergrund rechts Tiryns und Nauplia (Nafplion).

In einem Zimmer in Athen.

Kafenion auf Kreta.

113

Blick auf Ermupolis, die Hauptstadt der Insel Syros. Anfang des 19. Jh. war Ermupolis der bedeutendste Hafen Griechenlands und ein wichtiges Handels- und Gewerbezentrum.

Gottesdienst in einer Kirche bei Missolunghi (Mesolongi) in Westgriechenland.

115

Friedhof zwischen Messene und Lykosoura. Dahinter ein Braunkohle-Kraftwerk.

Gang im Kloster Kechrovouni auf Tinos, der «heiligen Insel der griechischen Orthodoxie».

117

Straßenpartie auf Tinos.

Gasse in Lindos auf Rhodos.

Tür auf Kea.

120

Ikonostas der Theologoskirche auf Naxos

121

Theologos-Kirche bei Ajios Chrysostomos auf Naxos.

122

Feldarbeit beim Apollontempel von Korinth.

123

Athenische Altertümer.

Die Akropolis von Athen im Bannkreis moderner Technik.

Literatur und Quellen

Folgende Angaben sind selbstverständlich nicht als eine erschöpfende Bibliographie zu verstehen. Es geht dem Textautor vor allem darum, auf das benützte Schrifttum hinzuweisen und gleichzeitig dem Leser die Möglichkeit der Vertiefung in die Materie zu bieten. Die getroffene Auswahl der Bücher bzw. der erwähnten Ausgaben ist notgedrungen weitgehend durch die Zweckbestimmung des vorliegenden Bandes bedingt. Aus naheliegenden Gründen hat der Akzent auf die deutschsprachige Literatur gesetzt werden müssen, was sich nicht zuletzt leider zu Ungunsten des griechischen Schrifttums auswirkt. Letzteres ist aber immerhin durch etliche Werke vertreten. Aus technischen Gründen ist auf bibliographische Angaben in griechischer Sprache bzw. griechischen Lettern verzichtet worden. Zur Vermeidung unnötiger Wiederholungen wurde von einer Einteilung der Bibliographie nach Abschnitten (Antike – Meer – Land – Gegenwart) abgesehen. Eine Gliederung des Schrifttums nach Themata, Perioden usw. würde zudem den Rahmen dieses Bandes sprengen. Die durchgehende Aufzählung der Autoren in alphabetischer Reihenfolge erleichtert dem Leser die Benützung des Bandes.

Pavlos Tzermias

Ahrweiler, Hélène, Etudes sur les structures administratives et sociales de Byzance, London 1971

Amandry, Pierre, L'amphictyonie delphique, in: Tzermias Pavlos (Hrsg.), L'Idée delphique et l'Europe. Symposium du Centre Culturel Européen de Delphes (1978), Athen 1979, S. 123–136

Andronicos, Manolis/Chatzidakis, Manolis/Karageorghis, Vassos, Die Museen Griechenlands (deutsch von Gerhard Blümlein und anderen), Athen 1976

Arias, Paolo Enrico/Hirmer, Max, Tausend Jahre griechische Vasenkunst. München 1960

Armao, Ermano, Venezia in Oriente. La «Relatione dell'Isola et Città di Tine di Pompeo ferrari, gentil'huomo piacentino», Rom 1938–XVI

Asdrachas, Spyridon, Wirtschaft, in: Christopoulos/Bastias (Hrsg.), Geschichte der hellenischen Nation, 11. Band, Athen 1975, S. 159–188 (griech.)

Austen, Harriet, Land- und Forstwirtschaft, in: Grothusen, Klaus-Detlev (Hrsg.), Südosteuropa-Handbuch, Band III, Griechenland, Göttingen 1980, S. 291–307

Bakojannis, Pavlos, Militärherrschaft in Griechenland. Eine Analyse zu Parakapitalismus und Spätfaschismus, Stuttgart/Berlin/Köln/Mainz 1972

Barkan, Ömer L., XV. ve XVI. asírlanda osmanlí imparatorluğunda ziraî ekonominin hunukî ve malî esaslarí, Istanbul 1943

Bayer, Erich, Griechische Geschichte, 2. verbesserte Auflage, Stuttgart 1977

Beck, Hans-Georg, Das byzantinische Jahrtausend, München 1978

derselbe, Geschichte der byzantischen Volksliteratur, München 1971

Beloch, Karl Julius, Griechische Geschichte, 4 Bände, 2. Auflage, Straßburg/Berlin 1912–1927

Bengtson, Hermann, Griechische Geschichte von den Anfängen bis in die römische Kaiserzeit, 4. Auflage, München 1969

derselbe, Herrschergestalten des Hellenismus, München 1975

Bergau, R., Carl von Hallers Reisen in Griechenland, Die Grenzboten XXXIX. Jahrg., Nr. 2, Leipzig 1875, S. 204ff.

Berlitz, Charles, Atlantis-Rätsel (Titel der Originalausgabe: The Mystery of Atlantis), deutsch von Karin S. Kraußkopf, Wien/Hamburg 1976

Bignone, Ettore, Epicuro. Opere, frammenti, testimonianze sulla sua vita, Bari 1920

derselbe, L'Aristotele perduto et la formazione filosofica di Epicuro, Florenz 1936

Biris, Kostas I., Athen vom 19. bis zum 20. Jahrhundert, Athen 1966 (griechisch)

Bon, Antoine, Le Péloponnèse byzantin jusqu'en 1204, Paris 1951

derselbe, La Morée franque. Recherches historiques, topographiques et archéologiques sur la principauté d'Achaïe (1205–1430), 2 Bände, Paris 1969

Braun, Maximilian, Die Slawen auf dem Balkan bis zur Befreiung von der türkischen Herrschaft, Leipzig 1941

Bréhier, Louis, Le monde byzantin, 3 Bände, Paris 1947–1950

Brockmeyer, Norbert, Sozialgeschichte der Antike. Ein Abriß, Stuttgart 1972

derselbe, Antike Sklaverei, Darmstadt 1979

Brockmeyer, Norbert/Schultheiß, Ernst Friedrich, Studienbibliographie. Alte Geschichte, Wiesbaden 1973

Buchholz, Hans-Günther/Karageorghis, Vassos, Altägäis und Altkypros, Tübingen 1971

Burckhardt, Jacob, Kultur der Renaissance in Italien. Ein Versuch, (hrsg. von Werner Kaegi), Bern 1943

derselbe, Weltgeschichtliche Betrachtungen, Bern 1941

derselbe, Griechische Kulturgeschichte, 4 Bände, München 1977 (Wo nichts anderes vermerkt, stammen die Zitate im vorliegenden Band aus diesem Werk)

Campbell, J. K., Honour, Family and Patronage. A Study of Institutions and Moral Values in a Greek Mountain Community, Oxford 1964

Ceram, C. W., Götter, Gräber und Gelehrte. Roman der Archäologie, Hamburg 1949 (auch weitere Auflagen)

Chadwick, J./Killen, J. T., The Knossos Tablets. Bulletin of the Institute of Classical Studies of the University of London, Suppl. 15, 3. Auflage, London 1964

Chadwick, John, The Decipherment of Linear B, 2. Auflage, Cambridge 1967

Charbonneaux, Jean/Martin, Roland/Villard, François, Grèce archaïque (620–480 avant J.-C.), Paris 1968

dieselben, Grèce classique (480–330 avant J.-C.), Paris 1969

dieselben, Grèce hellénistique (330–50 avant J.-C.), Paris 1970

Christopoulos, Georgios/Bastias, Ioannis (Hrsg.), Geschichte der hellenischen Nation, 15 Bände, Athen 1970–1978 (griechisch)

Clogg, Richard (Hrsg.), The Struggle for Greek Independence. Essays to Mark the 150th Anniversary of the Greek War of Independence, London/Basingstoke 1973

Clogg, Richard/Yannopoulos, George (Hrsg.), Greece under Military Rule, London 1972

Cook, Robert und Kathleen, Südliches Griechenland. Studienreiseführer für die Antike und die späteren Kulturen (Titel der Originalausgabe: Southern Greece. An Archaeological Guide. Attica, Delphi and the Peloponnese), deutsch von Werner Nagel, Stuttgart 1970

Curtius, Ernst, Griechische Geschichte, 3 Bände, 4. Auflage, Berlin 1874–1878

Demetz, Peter, Marx, Engels und die Dichter. Zur Grundlagenforschung des Marxismus, Stuttgart 1959

De Sanctis, Gaetano, Storia dei Greci dalle origini alla fine del Secolo V, 2 Bände, Florenz 1975 (Neudruck)

De Witt, Norman Wentworth, Epicurus and his Philosophy, Minneapolis 1954

Diehl, Charles/Marçais, Geo., Le monde oriental de 395 à 1081, Paris 1936

Djordjević, Dimitrije, Révolutions nationales des peuples balkaniques 1804–1914, Belgrad 1965

Dölger, Franz, Byzanz und die europäische Staatenwelt. Ausgewählte Vorträge und Aufsätze, Darmstadt 1964

Dörpfeld, Wilhelm, Alt-Ithaka. Ein Beitrag zur Homer-Frage. Studien und Ausgrabungen auf der Insel Leukas-Ithaka, 2 Bände, München 1927

Droysen, Johann Gustav, Geschichte des Hellenismus, 3 Bände, 2. Auflage, Gotha 1877/78, neu hrsg. v. E. Bayer, Darmstadt/Basel 1952/53

Dryander, Elisabeth von, 6mal Griechenland, 2., aktualisierte Auflage, München/Zürich 1976

Durrell, Lawrence, Les îles grecques (Titel der Originalausgabe: The Greek Islands), französisch von Didier Coste, Paris 1978 (deutsch von Edwin Ortmann: Griechische Inseln, Zürich 1979)

Eckermann, Johann Peter, Gespräche mit Goethe in den letzten Jahren seines Lebens. Mit einer Einführung herausgegeben von Ernst Beutler, München 1976

Ehrenberg, Victor, Der Staat der Griechen, 2. Auflage, Zürich 1965

Eickhoff, Ekkehard (unter Mitarbeit von Rudolf Eickhoff), Venedig, Wien und die Osmanen. Umbruch in Südosteuropa 1645–1700, München 1970

Ekschmitt, Werner, Fahrten auf dem Peloponnes. Ins unbekannte Griechenland, Berlin/Frankfurt a. M./Wien 1979

derselbe, Die Kontroverse um Linear B, München 1969

Eleftheroudakis' moderne Enzyklopädie, 12 Bände, 3. Auflage, Athen 1965–1967 (griechisch)

Elytis, Odysseas, To Axion Esti – Gepriesen Sei, deutsch von Günter Dietz, Hamburg/Düsseldorf 1969

Erasmus Desiderius Roterodamus, De recta Latini Graecique sermonis pronuntiatione dialogus, Basel 1558 (in dieser Ausgabe ist auch der Ciceronianus enthalten)

Etudes économiques de l'OCDE, Grèce, Paris 1980

Europäische Gemeinschaften, Kommission (Hrsg.), Umfassende Überlegungen zu den Problemen der Erweiterung. Mitteilung der Kommission an den Rat, übermittelt am 20. April 1978, in: Bulletin der Europäischen Gemeinschaften, Beilage 1/78, Luxemburg 1978

Evans, Arthur John, The Palace of Minos, 4 Bände und Indexband, London 1921–1936

Fallmerayer, Jakob Philipp, Geschichte der Halbinsel Morea während des Mittelalters, Stuttgart/Tübingen 1830 (1. Teil) und 1836 (2. Teil)

derselbe, Gesammelte Werke, hrsg. v. G. M. Thomas, 3 Bände, Amsterdam 1970 (Neudruck)

Farkas, Julius von, Südosteuropa. Ein Überblick, Göttingen 1955

Fermor, Patrick Leigh, Mani, Travels in the Southern Peloponnese, London 1958, 1971 (deutsche Übersetzung, Mani. Reise ins unentdeckte Griechenland, München 1958), (griechische erweiterte und revidierte Ausgabe, übersetzt von Tzannis Tzannetakis, Athen 1973)
derselbe, Rumeli. Griechische Erinnerungen (Titel der Originalausgabe: Roumeli. Travels in Northern Greece), deutsch von Dr. Richard Moissl, Salzburg 1973
Finlay, George, The History of Greece under Ottoman and Venetian Domination, London 1856
derselbe, History of the Greek Revolution, 2 Bände, Edinburg/London 1861
Finley, Moses I., The Ancient Economy, London 1975 (deutsch von Andreas Wittenburg, Die antike Wirtschaft, München 1977)
derselbe, Die Griechen. Eine Einführung in ihre Geschichte und Zivilisation (Titel der Originalausgabe: The Ancient Greeks), deutsch von Karl-Eberhardt und Grete Felten, München 1976
Flacelière, Robert, Griechenland. Leben und Kultur in klassischer Zeit (Titel der Originalausgabe: La vie quotidienne en Grèce au siècle de Périclès), deutsch von E. Pack, Stuttgart 1977
Forster, Edward Seymour, A Short History of Modern Greece 1821–1956 3. Auflage, London 1958
Fuchs, Werner, Das Menschenbild in der griechischen Plastik unter besonderer Berücksichtigung der Werke im Museum von Delphi, in: Tzermias Pavlos (Hrsg.), L'Idée delphique et l'Europe, Symposium du Centre Culturel Européen de Delphes (1978), Athen 1979, S. 93–98. (Das Zitat im Abschnitt «Antike» stammt aus dieser Arbeit)
derselbe, Die Skulptur der Griechen, München 1969
Gaitanides, Johannes, Griechenland ohne Säulen, München 1963 (neue Auflage, München 1978)
Gaitanides, Johannes/Worm, Susanne J., Ägäisches Trio. Kreta, Rhodos, Zypern, München 1974
Gelbert, Charles, Die griechische Inselwelt im Ägäischen Meer, Basel 1945
Genevoix, Maurice, La Grèce de Caramanlis ou la démocratie difficile?, Paris 1972 (griechische Übersetzung mit einem Vorwort von Konstantinos Tsatsos, Athen 1972)
Gewehr, W. M., The Rise of Nationalism in the Balkans 1800–1930, New York 1931
Gigon Olof (Übers. und Einl.), Epikur. Von der Überwindung der Furcht, Zürich 1949
Glotz, Gustave, La cité grecque, Paris 1928
Gregorovius, Ferdinand, Geschichte der Stadt Athen im Mittelalter. Von der Zeit Justinians bis zur türkischen Eroberung, 2 Bände, 2. Auflage, Stuttgart 1889
Große Griechische Enzyklopädie, 24 Bände, 2. Auflage, Athen 1956–1965, 4 Supplementbände, Athen 1957–1963 (griechisch)
Grothusen, Klaus-Detlev (Hrsg.), Südosteuropa-Handbuch, Band III, Griechenland, Göttingen 1980 (S. 702–737 Bibliographie)
derselbe, Aussenpolitik, in: Grothusen, Klaus-Detlev (Hrsg.), Südosteuropa-Handbuch, Band III, Griechenland, Göttingen 1980, S. 147–190
Gruben, Gottfried, Die Tempel der Griechen, 2. Auflage, München 1976
Grunebaum, Gustave E. von, Der Islam in seiner klassischen Epoche 622–1258, Zürich/Stuttgart 1966
derselbe (Hrsg.), Der Islam II. Die islamischen Reiche nach dem Fall von Konstantinopel, Fischer Weltgeschichte, Band 15, Frankfurt a. M. 1971
Günther, Hans F. K., Lebensgeschichte des Hellenischen Volkes, Pähl (Obb.) 1956
Gyömörey, Lorenz, Griechenland. Ein europäischer Fall, Wien/Hamburg 1970
derselbe, Auf den Spuren der Mütter. Improvisationen über den subjektiven Faktor, die Griechen, das Matriarchat und den Untergang des Abendlandes, Wien/Hamburg 1977
Hadas, Moses, Hellenistische Kultur. Werden und Wirkung (Titel der Originalausgabe: Hellenistic Culture. Fusion and Diffusion), deutsch von Egidius Schmalzriedt, Stuttgart 1963
Hampe, Roland/Simon, Erika, Tausend Jahre frühgriechische Kunst, Fribourg 1980
Hasebroek, Joh., Griechische Wirtschafts- und Gesellschaftsgeschichte bis zur Perserzeit, Tübingen 1931
derselbe, Staat und Handel im alten Griechenland, Tübingen 1928
Hasenpflug, Hajo/Kohler, Beate (Hrsg.), Die Süd-Erweiterung der Europäischen Gemeinschaft. Wende oder Ende der Integration?, Hamburg 1977
Haussig, Hans-Wilhelm, Kulturgeschichte von Byzanz, 2. Auflage, Stuttgart 1966
Heiler, Friedrich, Die Ostkirchen, Neubearbeitung von «Urkirche und Ostkirche», München/Basel 1971
Hentig, Hartmut von (Hrsg.), Hellas und Rom. Lesewerk zur Geschichte, Ebenhausen bei München 1964
Hering, Gunnar, Politisches System. Historischer Teil, in: Grothusen, Klaus-Detlev (Hrsg.), Südosteuropa-Handbuch, Band III, Griechenland, Göttingen 1980, S. 54–79
Herm, Gerhard, Die Phönizier. Das Purpurreich der Antike, Düsseldorf/Wien 1973
derselbe, Die Diadochen. Alexanders Erben kämpfen um die Weltherrschaft, München 1978
derselbe, Das zweite Rom. Konstantinopel. Drehscheibe zwischen Ost und West, Düsseldorf 1968
Hertzberg, Gustav Friedrich, Geschichte der Byzantiner und des Osmanischen Reiches bis gegen Ende des 16. Jahrh., Berlin 1883
derselbe, Die Geschichte Griechenlands unter der Herrschaft der Römer, 3 Bände, Halle 1866/75
Hoegler, R. G./Reverdin, Olivier, Kreta, Mutterland der Kultur Europas, Luzern 1960
Höfler, R. v., Erinnerungen an Philipp Jacob Fallmerayer. Ein Licht- und Schattenbild. Mitteilungen des Vereins für Geschichte der Deutschen in Böhmen, 26. Jahrg., Prag 1888, S. 395–416
Hofmannsthal, Hugo von, Einleitung zum ersten Griechenlandband des Orbis Terrarum (Holdt, Hanns/Hofmannsthal, Hugo von, Griechenland. Baukunst, Landschaft, Volksleben, Berlin 1923)
Holden, David, Greece without Columns. The Making of the Modern Greeks, London 1972
Homer, Ilias. Odyssee. In der Übertragung von Johann Heinrich Voß, Winkler-Jubiläumsbibliothek, Band 1, mit einem Nachwort von Wolf Hartmut Friedrich, München 1971
Hopf, Carl, Geschichte Griechenlands vom Beginn des Mittelalters bis auf unsere Zeit, 2 Bände, Leipzig 1867–1868
Hösch, Edgar, Geschichte der Balkanländer, Stuttgart/Berlin/Köln/Mainz 1968
Huber, Paul, Athos. Leben, Glaube, Kunst, Zürich 1969
Hunger, Herbert (Hrsg.), Byzantinische Geisteswelt von Konstantin dem Großen bis zum Fall Konstantinopels, Baden-Baden 1958
derselbe, Reich der neuen Mitte. Der christliche Geist der byzantinischen Kultur, Graz/Köln 1965
derselbe, Die hochsprachliche profane Literatur der Byzantiner, 2 Bände, München 1978
Hürlimann, Martin (Hrsg.), Ewiges Griechenland. Ein Schau- und Lesebuch, Zürich 1944 (auch weitere Auflagen)
Iatrides, John O., Revolt in Athens. The Greek Communist «Second Round», 1944–1945, Princeton, New Jersey 1972
Inalcik, Halil, The Ottoman Empire. The Classical Age 1300–1600, translated by Norman Itzkowitz and Colin Imber, Worcester/London 1973
Istoria Vizantii (Geschichte von Byzanz), Red. koll.: S. D. Skazkin, V. N. Lazarev, N. V. Pigulevskaja, 3 Bände, Moskau 1967
Jaeger, Werner, Paideia. Die Formung des griechischen Menschen, ungekürzter photomechanischer Nachdruck in einem Band, Berlin/New York 1973
Jelavich, Charles, Tsarist Russia and Balkan Nationalism. Russian Influence in the Internal Affairs of Bulgaria and Serbia, 1879–1886, Berkeley/Los Angeles 1958
Jelavich, Charles and Barbara, The Establishment of the Balkan National States, 1804–1920 (A History of East Central Europe, 8), Seattle 1977
dieselben (Hrsg.), The Balkans in Transition. Essays on the Development of Balkan Life and Politics since the 18th Century, Berkeley/Los Angeles 1963
Jorga (Iorga), N., Histoire de la vie byzantine. Empire et civilisation, 3 Bände, Bukarest 1934
derselbe, Byzance après Byzance. Continuation de l'Histoire de la vie byzantine, Bukarest 1971
derselbe, Geschichte des osmanischen Reichs, nach den Quellen dargestellt, 5 Bände, Gotha 1908–1913
Jouguet, Pierre, L'impérialisme macédonien et l'hellénisation de l'Orient, Paris 1937
Kaerst, Julius, Geschichte des Hellenismus, Band I, 3. Auflage, Band II, 2. Auflage, Leipzig/Berlin 1927 bzw. 1926
Kahrstedt, Ulrich, Geschichte des griechisch-römischen Altertums, 2. Auflage, München 1952
derselbe, Kulturgeschichte der römischen Kaiserzeit, 2. Auflage, Bern 1958
Kalonaros, Petros P. (Hrsg.), Die Chronik von Morea. Nach der Kopenhagener Handschrift, Athen 1940 (griechisch)
Kamaras, I. D., Urban-Rural Dualism in Greece. An Interpretation, Dissertation University of Sussex 1971
Kanellopoulos, Panajotis, Geschichte des europäischen Geistes, Neufassung, Athen 1966ff., Teil II, Heft 1, Athen 1968, insb. S. 144ff. (griechisch)
Karagatsis, Manolis, Der Vogt von Kastropyrgos. Aus dem Neugriechischen übertragen von Nestor Xaidis, Zürich 1962
Karageorghis, Vassos, Salamis. Die zyprische Metropole des Altertums

(Titel der Originalausgabe: Salamis in Cyprus), deutsch von Joachim Rehork, Bergisch Gladbach 1970
Katris, John A., Eyewitness in Greece. The Colonels Come to Power, St. Louis, Missouri 1971
Kazantzakis, Nikos, Odyssee, 3. Auflage, Athen 1960 (griechisch) (deutsch von Gustav A. Conradi: Odyssee. Ein modernes Epos, München/Basel 1973) (englisch von Kimon Friar: The Odyssey. A Modern Sequel, New York 1958)
derselbe, Rechenschaft vor El Greco. Aus dem Neugriechischen übertragen von Isidora Rosenthal-Kamarinea, 2 Bände, 1: Kindheit und Jugend, 2. Auflage, Berlin 1964, 2: Berlin/München/Wien 1967
derselbe, Reisend, Band Italien, Ägypten, Sinai, Jerusalem, Zypern, Peloponnes, Athen 1961 (griechisch)
Kavafis, Konstantin[os], Gedichte. Aus dem Neugriechischen übertragen und herausgegeben von Helmut von den Steinen, 1.–3. Auflage, Berlin/Frankfurt a. M. 1953 [S. 31–32: Ithaka]
Kédros, André, La résistance grecque (1940–1944). Le combat d'un peuple pour sa liberté, Paris 1966
Kerényi, Karl, Die Mythologie der Griechen. Die Götter- und Menschheitsgeschichten, Zürich 1951
Keskin, Hakki, Die Türkei. Vom Osmanischen Reich zum Nationalstaat – Werdegang einer Unterentwicklung, Berlin 1978
Kienitz, Friedrich-Karl, Städte unter dem Halbmond. Geschichte und Kultur der Städte in Anatolien und auf der Balkanhalbinsel im Zeitalter der Sultane 1071–1922, München 1972
Kohn, Hans, Die Idee des Nationalismus. Ursprung und Geschichte bis zur Französischen Revolution (Titel der Originalausgabe: The Idea of Nationalism. A Study in its Origins and Background), deutsch von Günther Nast-Kölb, Frankfurt a. M. 1962
Kordatos, Janis, Geschichte des neueren Griechenland, 4 Bände, Athen 1957–1958 (griechisch)
Kornaros, Vitzentzos, Erotokritos. Kritische Ausgabe von Stefanos Xanthoudidis, Iraklion 1915 (griechisch)
Kornemann, Ernst, Weltgeschichte des Mittelmeerraums von Philipp II. von Makedonien bis Muhammed, hrsg. v. H. Bengtson, München 1967
Koukoules, Phaidon, Leben und Zivilisation der Byzantiner, 6 Bände, Athen 1948–1957 (griechisch)
Kousoulas, Dimitrios George, Modern Greece. Profile of a Nation, New York 1974
Kranz, Walther, Griechentum. Eine Geschichte der griechischen Kultur und Literatur, Baden-Baden/Stuttgart 1952
Kretschmayr, Heinrich, Geschichte von Venedig, 3 Bände, Gotha/Stuttgart 1905–1934
Krumbacher, Karl, Geschichte der byzantinischen Literatur von Justinian bis zum Ende des Oströmischen Reiches (527–1453), 2. Auflage, München 1897
Kündig-Steiner, Werner (Hrsg.), Die Türkei. Raum und Mensch, Kultur und Wirtschaft in Gegenwart und Vergangenheit, Tübingen/Basel 1974
Langford, Elizabeth, Byron's Greece, London 1975
Latte, Kurt, Heiliges Recht. Untersuchungen zur Geschichte der sakralen Rechtsformen in Griechenland, Tübingen 1920
Lendvai, Paul, Der rote Balkan. Zwischen Nationalismus und Kommunismus (aus dem Englischen übersetzt von Heinrich Sprenger), Frankfurt a. M. 1969
Lesky, Albin, Geschichte der griechischen Literatur, 3. Auflage, Bern 1971
Lignadis, Tasos, Die Wirtschaftsfragen (während) der Revolution von 1821 bis 1827, in: Christopoulos/Bastias (Hrsg.), Geschichte der hellenischen Nation, 12. Band, Athen 1975, S. 606–611 (griechisch)
Loukakis, P., Regionale Strukturprobleme in Griechenland unter Berücksichtigung des wachsenden Industrialisierungsprozesses, Diss. Aachen 1976
Lurier, Harold E., Crusaders as Conquerors – The Chronicle of Morea, New York 1964
Macartney, Carlile Aylmer/Palmer, A. W., Independent Eastern Europe. A History. London/New York 1962
Mac Kendrick, Paul, Hellas' steinernes Erbe. Archäologie der griechischen Welt (Titel der Originalausgabe: The Greek Stones Speak), Wiesbaden 1965
Maier, Franz Georg (Hrsg.), Fischer Weltgeschichte, Band 13, Byzanz, Frankfurt a. M. 1973
derselbe, Neue Wege in die alte Welt. Methoden der modernen Archäologie, Hamburg 1977
Makryjannis, Jannis, Memoiren, 1. Auflage (hrsg. von Jannis Vlachojannis), Athen 1907 (griechisch)
Marinatos, Spyridon/Hirmer, Max (Aufnahmen), Kreta, Thera und das mykenische Hellas, 3. Auflage, München 1976
Markezinis, Spyridon V., Politische Geschichte des neueren Griechenland 1826–1964, 4 Bände, Athen 1966–1968 (griechisch)
Marx, Karl, Einleitung zur Kritik der politischen Ökonomie, hrsg. v. K. Kautsky, Die Neue Zeit (1902–1903), S. 710–718, 772–781 (vgl. Marx/Engels, Über Kunst und Literatur, 1. Band, Frankfurt a. M./Wien 1968, S. 123–125)
Maximos, Seraphim, Die griechische Handelsmarine im 18. Jahrhundert, Athen 1940 (griechisch)
derselbe, Die Morgenröte des griechischen Kapitalismus, Athen 1946 (griechisch)
Mendelssohn-Bartholdy, Karl, Geschichte Griechenlands von der Eroberung Konstantinopels 1453 bis auf unsere Tage, 2 Bände, Leipzig 1870–1874
Meyer, Eduard, Geschichte des Altertums, 5 Bände, Stuttgart 1884–1902
Miček, Tomáš und Lída, Griechenland. Das Festland, München 1978
dieselben, Griechenland. Die Inseln, München 1979
Moskof, Kostis, Das nationale und soziale Bewußtsein im Griechenland der Jahre 1830–1909. Ideologie des Raums des Zwischenhandels, 2. Auflage, Athen 1974 (griechisch)
Mouzelis, Nicos P., Modern Greece. Facets of Underdevelopment, London/New York 1978
Mouzelis, Nicos/Attalides, Michael, Greece, in: Archer, Margaret Scotford und Giner, Salvador (Hrsg.), Contemporary Europe, Class, Status and Power, London 1971, S. 162–197
Müller, Reimar (Hrsg.), Der Mensch als Maß der Dinge. Studien zum griechischen Menschenbild in der Zeit der Blüte und Krise der Polis, (Ost-)Berlin 1976
Musatti, Eugenio, Storia di Venezia, 2 Bände, Mailand 1936
Mylonas, George Emmanuel, Mycenae and the Mycenaean Age, Princeton 1966
Nestle, Wilhelm, Vom Mythos zum Logos, 2. Auflage, Stuttgart 1942
Nikolinakos, Marios, Widerstand und Opposition in Griechenland. Vom Militärputsch 1967 bis zur neuen Demokratie, Darmstadt/Neuwied 1974
Obolensky, Dimitri, The Byzantine Commonwealth. Eastern Europe, 500–1453, London 1971
Ohnsorge, Werner, Abendland und Byzanz. Gesammelte Aufsätze zur Geschichte der byzantinisch-abendländischen Beziehungen und des Kaisertums, Darmstadt 1958
derselbe, Konstantinopel und der Okzident. Gesammelte Aufsätze zur Geschichte der byzantinisch-abendländischen Beziehungen und des Kaisertums, Darmstadt 1966
Ostrogorsky, Georg, Geschichte des Byzantinischen Staates, 3. Auflage, München 1963
Ott, Alfred Eugen/Wenturis, Nikolaus (Hrsg.), Griechenland vor dem Beitritt in die Europäische Gemeinschaft. Beiträge des Symposions der Universität Tübingen in Verbindung mit dem Europa-Zentrum Tübingen 1979, Frankfurt a. M./Berlin 1980
Papandreou, Andreas, Democracy at Gunpoint: The Greek Front, New York 1970
Papantoniou, Zacharias, Die hohen Berge, Athen (ohne Angabe des Jahrgangs) (griechisch)
Paparrigopoulos, Konstantinos, Geschichte der hellenischen Nation von den frühesten bis zu den neueren Zeiten, 5 Bände, Athen 1865–1874 (griechisch) (es folgten weitere Auflagen und Ergänzungen)
Pars, Hans, Göttlich aber war Kreta. Das Erlebnis der Ausgrabungen, Olten/Freiburg i. Breisgau, 1957
Pazarkaya, Yüksel, Die osmanische Geschichte, in: Kündig-Steiner, Werner (Hrsg.), Die Türkei, Raum und Mensch, Kultur und Wirtschaft in Gegenwart und Vergangenheit, Tübingen/Basel 1974, S. 335–355
Peters, Richard, Die Geschichte der Türken, 2. verbesserte Auflage, Stuttgart/Berlin/Köln/Mainz 1966
Petropoulos, Dimitrios (Hrsg.), Griechische Volkslieder, 2 Bände, Athen 1958–1959 (griechisch)
Philippson, Alfred, Die griechischen Landschaften. Eine Landeskunde, 4 Bände, hrsg. unter Mitwirkung von Herbert Lehmann (nach dem Tode des Verf. hrsg. von Ernst Kirsten), Frankfurt a. M. 1950–1959
Phillipson, Coleman, The International Law and Custom of Ancient Greece and Rome, 2 Bände, London 1911
Picht, Georg, Die Botschaft von Delphi und die Einheit der europäischen Kultur, in: Tzermias Pavlos (Hrsg.), L'Idée delphique et l'Europe, Symposium du Centre Culturel Européen de Delphes (1978), Athen 1979, S. 75–82
Platon, Nikolaos, Beiträge in: Christopoulos, Georgios/Bastias, Ioannis (Hrsg.), Geschichte der hellenischen Nation, Band 1, Athen 1970, insb. Ausführungen über Präpalatikum (S. 108–121), Protopalatikum (S. 134–159) und Neopalatikum (S. 166–211, 218–220) (griechisch)
Plehn, Chlodwig, Griechenland mit den Augen der Antike. Klassische Stätten und Kunstwerke im Spiegel der griechischen Literatur, Stuttgart/Berlin/Köln/Mainz 1969
Pöhlmann, Robert von, Geschichte der sozialen Frage und des Sozialismus in der antiken Welt, hrsg. von F. Oertel, 3. Auflage, München 1925
Pomerance, Leon, The Final Collapse of Santorini (Thera), 1400 B. C. or 1200 B. C.? (Studies in Mediterranean Archaeology 26), Göteborg 1970

Popper, Karl Raimund, Die offene Gesellschaft und ihre Feinde (Titel der Originalausgabe: The Open Society and its Enemies), deutsch von P. K. Feyerabend, 1. Band, 2. Auflage, Bern 1970, 2. Band, 3. Auflage, Bern 1973

Pringsheim, Fritz, Ausbreitung und Einfluß des griechischen Rechts, Heidelberg 1952

Psycharis, Jannis, Große rhomäische wissenschaftliche Grammatik, 3 Bände, Athen/Paris 1929–1937

Randa, Alexander, Der Balkan. Schlüsselroman der Weltgeschichte. Von Thrake zu Byzanz, Graz 1949

derselbe, Der Balkan von Diokletian bis Tito, Zürich 1950

Reverdin, Olivier, Das Land, in: Hoegler, R. G./Reverdin, Olivier, Kreta. Mutterland der Kultur Europas, Luzern 1960, S. 20–24

Rice, David Talbot, Konstantinopel, Goldene Stadt am Bosporus, Photos von Wim Swaan (Titel der Originalausgabe: Constantinople-Byzantium-Istanbul), deutsch von Hildegard von Barloewen, Frankfurt a. M. 1966

Richter, Heinz, Griechenland zwischen Revolution und Konterrevolution (1936–1946), Frankfurt a. M. 1973

Ristelhueber, René, Histoire des peuples balkaniques, 3. Auflage, Paris 1950

Ritsos, Yannis, Romiossini, and other poems, translations by Dan Georgakas and Eleni Paidoussi, with assistance on individual poems by John Chioles and others, Madison 1969 (English and Greek)

Ronneberger, Franz (unter Mitarbeit von Georg Mergl), Sozialstruktur, in: Grothusen, Klaus-Detlev (Hrsg.), Südosteuropa-Handbuch, Band III, Griechenland, Göttingen 1980, S. 362–375

derselbe (unter Mitarbeit von Georg Mergl), Bevölkerungsstruktur, in: Grothusen, Klaus-Detlev (Hrsg.), Südosteuropa-Handbuch, Band III, Griechenland, Göttingen 1980

Rostovtzeff, Michael, A History of the Ancient World, 2 Bände, Oxford 1926–1927

derselbe, Social and Economic History of the Hellenistic World, 3 Bände, Oxford 1941

Roth, Karl, Sozial- und Kulturgeschichte des Byzantinischen Reiches, Berlin/Leipzig 1919

Runciman, Steven, History of the Crusades (deutsch von Peter de Mendelssohn: Geschichte der Kreuzzüge), 3 Bände, Cambridge 1951–1955

derselbe, Das Patriarchat von Konstantinopel. Vom Vorabend der türkischen Eroberung bis zum griechischen Unabhängigkeitskrieg (Titel der Originalausgabe: The Great Church in Captivity. A Study of the Patriarchate of Constantinople from the Eve of the Turkish Conquest to the Greek War of Independence), deutsch von Peter de Mendelssohn, München 1970

derselbe, Mistra. Byzantine Capital of the Peloponnese, London 1980

derselbe, Die Eroberung von Konstantinopel 1453 (Titel der Originalausgabe: The Fall of Constantinople 1453), deutsch von Peter de Mendelssohn, München 1966

S[ain]t Clair, William, That Greece Might Still be Free. The Philhellenes in the War of Independence, London/New York/Toronto 1972

Schachermeyr, Fritz, Delphi. Das Schicksal seiner Idee im Fluß der Geschichte, in: Tzermias, Pavlos (Hrsg.), L'Idée delphique et l'Europe, Symposium du Centre Culturel Européen de Delphes (1978), Athen 1979, S. 67–74

derselbe, Griechische Geschichte. Mit besonderer Berücksichtigung der geistesgeschichtlichen und kulturmorphologischen Zusammenhänge, 2. Auflage, Stuttgart 1969

Schadewaldt, Wolfgang, Der Gott von Delphi und die Humanitätsidee, Frankfurt a. M. 1975

derselbe, Goethestudien. Natur und Altertum (Eduard Spranger zum 80. Geburtstag am 27.6.1962 in Verehrung und Dankbarkeit dargebracht), Zürich 1963

derselbe, Hellas und Hesperien, Gesammelte Schriften zur Antike und zur neueren Literatur, in zwei Bänden hrsg. von R. Thurow und E. Zinn unter Mitarbeit von K. Bartels, Zürich 1970. (Das Zitat im Abschnitt «Antike» stammt aus diesem Buch)

Schefold, Karl, Götter- und Heldensagen der Griechen in der spätarchaischen Kunst (unter Mitarbeit von Luca Giulani), München 1978

derselbe (Hrsg.), Die Griechen und ihre Nachbarn, Berlin 1967

Schevill, Ferdinand, History of the Balkan Peninsula. From the Earliest Times to the Present Day, New York 1971

Schliemann, Heinrich, Mykenae. Bericht über meine Forschungen und Entdeckungen in Mykenae und Tiryns 1878, Neuausgabe, Darmstadt 1964

Schneider, Carl, Kulturgeschichte des Hellenismus, 2 Bände, München 1967–1969

Schwartz, Eduard, Ethik der Griechen, hrsg. von Will Richter, Stuttgart 1951

Seferis, Giorgos, Gedichte, 7. Auflage, Athen 1967 [S. 47ff.: Mythistorima] (griechisch)

Seidl, Wolf, Bayern in Griechenland. Die Geschichte eines Abenteuers, München 1965

Seton-Watson, Hugh, Osteuropa zwischen den Kriegen 1918–1941 (Titel der Originalausgabe: Eastern Europe between the Wars 1918–1941), Paderborn 1948

derselbe, Nations and States. An Enquiry into the Origins of Nations and the Politics of Nationalism, London 1977

Seyppel, Joachim, Hellas – Geburt einer Tyrannis. Impressionen, Analysen, Dokumente, Berlin 1968

Simon, Heinrich und Marie, Die alte Stoa und ihr Naturbegriff. Ein Beitrag zur Philosophiegeschichte des Hellenismus, (Ost-)Berlin 1956

Sivignon, Michel, La Grèce sans monuments, Paris 1978

derselbe, La Thessalie. Analyse géographique d'une province grecque, Lyon 1975

Skriver, Ansgar, Soldaten gegen Demokraten. Militärdiktatur in Griechenland, Köln/Berlin 1968

Stadtmüller, Georg, Geschichte Südosteuropas, 2. Auflage, München 1976

Stavrianos, Leften Stavros, The Balkans since 1453, New York 1958

derselbe, Balkan Federation. A History of the Movement toward Balkan Unity in Modern Times, Hamden, Conn. 1964

derselbe, The Balkans 1815–1914, New York 1963

Stearn, W. T. (Hrsg.), (Painted by Niki A. Goulandris, Text by Constantine N. Goulimis), Wild Flowers of Greece, Kifissia-Greece 1968

Sternberger, Dolf, Über den Jugendstil und andere Essays, Hamburg 1956

Stierlin Henri, Le Monde de la Grèce, Paris 1980

Svoronos, Nikos G., Le commerce de Salonique au XVIIIème siècle, Paris 1956

derselbe, Histoire de la Grèce moderne, Paris 1972 (von diesem Werk gibt es auch eine in Athen [2. Auflage 1976] erschienene griechische Übersetzung mit ausführlicher Bibliographie von Spyros Asdrachas)

Swoboda, Heinrich, Beiträge zur griechischen Rechtsgeschichte, Weimar 1905

Tarsouli, Athina, Burgen und Städte von Morias (Peloponnes), Athen 1971 (griechisch)

Tatakis, Basile, La philosophie byzantine, 2. Auflage, Paris 1949

Theocharis, Dimitrios, Zusammenfassung der Gegebenheiten der mittleren Bronzezeit, in: Christopoulos/Bastias (Hrsg.), Geschichte der hellenischen Nation, Band 1, Athen 1970, S. 160–163 (griechisch)

Theodorakis, Mikis, Culture et dimensions politiques, traduit du grec par Jean Crihcos et Pierre Comberousse, préface de Roger Garaudy, Paris 1973

Thiersch, Heinrich Wilh. Jossias, Friedrich Thiersch's Leben, 2 Bände, Leipzig/Heidelberg 1866

Toynbee, Arnold Joseph, Hellenism. The History of a Civilization, London/New York/Toronto 1959

derselbe, Constantine Porphyrogenitus and his World, London 1973

Tsatsos, Konstantinos, Griechenland und Europa, Athen 1978

Tsoucalas, Constantin, Dépendance et reproduction, Le rôle social des appareils scolaires en Grèce, Paris 1975

Tzermias, Pavlos (Hrsg.), L'Idée delphique et l'Europe, Symposium du Centre Culturel Européen de Delphes (1978), Athen 1979

derselbe, Die volkstümliche Musik Griechenlands, Zürich/Stuttgart 1962

derselbe, Der griechische Lyriker Giorgos Seferis, Zürich/Stuttgart 1964

derselbe, Nikos Kazantzakis und die Gerechtigkeit, Zürich/Stuttgart 1963

derselbe, Neugriechische Grammatik, Bern/München 1969

derselbe, Das Selbstbestimmungsrecht der Cyprioten, in: Österr. Zeitschrift für öffentliches Recht, Band IX, Heft 2, Wien 1958, S. 190–212

derselbe, Der neue Status Cyperns, in: Archiv des öffentlichen Rechts, 84. Band, Heft 4, Tübingen 1959, S. 459–489

derselbe, Die Entstehung der Republik Cypern, in: Jahrbuch des öffentlichen Rechts der Gegenwart, Neue Folge, Band 9, Tübingen 1960, S. 245–295

derselbe, Die Verfassung der Republik Cypern, in: Jahrbuch des öffentlichen Rechts der Gegenwart, Neue Folge, Band 10, Tübingen 1961, S. 485–525

derselbe, Der strenge Makedonier. Karamanlis – Mythos und Wirklichkeit, in: Schweizer Monatshefte, 59. Jahr, Heft 10, Zürich 1979, S. 759–767

derselbe, Griechenlands widerspenstige Sprache, in: Schweizer Monatshefte, 60. Jahr, Heft 3, Zürich 1980, S. 186–192

derselbe, Friedens- und Bündnispolitik in der Antike und heute, in: Tzermias Pavlos (Hrsg.), L'Idée delphique et l'Europe, Symposium du Centre Culturel Européen de Delphes (1978), Athen 1979, S. 83–92

derselbe, Griechenland und Europa, in: Europäische Rundschau, 7. Jahrgang, Heft 2, Wien 1979, S. 111–116

derselbe, Zypern – Insel der Aphrodite oder des Krieges?, in: Europäische Rundschau, 8. Jahrgang, Heft 1, Wien 1980, S. 131–137

derselbe, Mit der Freiheit als Kompaß, Athen 1977 (griechisch)
Uzunçarşili, Ismail Hakki, Osmanli Tarihi, 4 Bände, Ankara 1947–1959
Vakalopoulos, Apostolos E., Geschichte des neuen Hellenentums, bisher 5 Bände, Saloniki 1961–1980 (griechisch)
derselbe, Die Gemeinden, in: Christopoulos/Bastias (Hrsg.), Geschichte der hellenischen Nation, 10. Band, Athen 1974, S. 150–157 (griechisch)
Varvaroussis, Paris, Konstellationsanalyse der Außenpolitik Griechenlands und der Türkei (1974–1975: seit der Invasion der Türkei in Zypern), Diss. München 1979
Vasiliev, Aleksandr Aleksandrovic, History of the Byzantine Empire, 324–1453, 2 Bände, 2. Auflage, Madison 1958
Venesis, Elias (Venezis, Ilias), Äolische Erde, deutsch von Roland Hampe, Mainz 1969
Vermeule, Emily, Greece in the Bronze Age, Chicago 1964
Vergopoulos, K., Die Agrarfrage in Griechenland, Athen 1975 (griechisch)
Vitti, Mario, Einführung in die Geschichte der neugriechischen Literatur (Titel der italienischen Vorlage: Introduzione alla storia della letteratura neogreca), deutsch von Ragni M. Gschwend, unter fachlicher Mitarbeit von Georg Veloudis, München 1972
Vlachos, Helen (Vlachou, Eleni) (Hrsg.), Griechenland. Dokumentation einer Diktatur, Wien/München 1972
dieselbe, House Arrest, London 1970
Wachmeier, Günter, Athen. Mit Delphi, Kap Sunion, Ägina, Daphni und Ossios Loukas (Artemis-Cicerone. Kunst- und Reiseführer), Zürich/München 1976
Wace, Alan J. B., Mycenae. An Archaeological History and Guide, Princeton 1949
Weber, Max, Die protestantische Ethik und der Geist des Kapitalismus, in: Gesammelte Aufsätze zur Religionssoziologie, 3 Bände, 5. Auflage, Tübingen 1971–1972
Weiler, Ingomar, Griechische Geschichte. Einführung, Quellenkunde, Bibliographie, Darmstadt 1976
Weithmann, Michael W., Die slavische Bevölkerung auf der griechischen Halbinsel. Ein Beitrag zur historischen Ethnographie Südosteuropas, München 1978
Wellesz, Egon, Die Hymnen der Ostkirche, Basel 1962
derselbe, A History of Byzantine Music and Hymnography, 2. Auflage, Oxford 1961
Welskopf, Elisabeth Charlotte (Hrsg.), Hellenische Poleis. Krise – Wandlung – Wirkung, 4 Bände, Darmstadt 1974
Werner, Ernst, Die Geburt einer Großmacht. Die Osmanen (1300–1481). Ein Beitrag zur Genesis des türkischen Feudalismus, Berlin 1966
Westebbe, Richard M., Industry, Handicraft and Tourism, in: Grothusen, Klaus-Detlev (Hrsg.), Südosteuropa-Handbuch, III. Band, Griechenland, Göttingen 1980, S. 267–290
Wheler, George, Voyage de Dalmatie, de Grece, et du Levant, Trad. de l'Anglois, 2 Bände, Amsterdam 1689
Wilamowitz-Moellendorf, Ulrich v., Der Glaube der Hellenen, 2 Bände, Neudruck, Darmstadt 1959
Wilcken, Ulrich, Griechische Geschichte im Rahmen der Altertumsgeschichte, 9. Auflage, München 1962
Winckelmann, Johann Joachim, Gedanken über die Nachahmung der griechischen Werke in der Malerei und Bildhauerkunst, Dresden 1755
Wolf-Crome, Editha (Hrsg.), Zwischen Olymp und Acheron. Berichte und Dokumente aus der griechischen Welt von deutschen Reisenden des 19. Jahrhunderts, Zürich 1971
Wolff, Robert Lee, The Balkans in our Time, Cambridge, Mass. 1956
Woodhouse, Christopher Montague, The Struggle for Greece 1941–1949, London 1976
Wunderlich, Hans Georg, Wohin der Stier Europa trug. Kretas Geheimnis und das Erwachen des Abendlandes, Reinbek b. Hamburg 1972
Zachariä von Lingenthal, Karl Eduard, Geschichte des griechisch-römischen Rechts, 3. Auflage, Berlin 1892
Zervos, Christian, L'art de la Crète néolithique et minoenne, Paris 1956
derselbe, L'art des Cyclades du début à la fin de l'âge du bronze, 2500–1100 avant notre ère, Paris 1957
Zinkeisen, Johann Wilhelm, Geschichte des osmanischen Reiches in Europa, Teile 1–7, Hamburg/Gotha, 1840–1863
Zinserling, Gerhard, Bemerkungen zur weltanschaulichen Bewertung der Kunst des perikleischen Athen, in: Müller, Reimar (Hrsg.), Der Mensch als Maß der Dinge, (Ost-)Berlin 1976, S. 198–218

Michael Ruetz: Autorenphotographie

Unter den Photobänden, die ich zur Vorbereitung auf meine Arbeit gesammelt habe, waren drei – inzwischen vergriffene – von besonderem Wert für mich: das 1953 erschienene «Licht über Hellas» von Herbert List, «Greek Portfolio» von Constantine Manos (London 1972) und «Griechische Tempel» von Walter Hege (1941).

Jahre nach ihrem Erscheinen kristallisieren sich diese Bücher deutlich aus der Masse der Photos mit dem Thema «Griechenland». Sie sind heute genauer zu beurteilen als zu ihrer Zeit, weil ihre damalige Qualität, *neu* zu sein, ihre wirklichen Qualitäten schwerer erkennbar machte.

«Licht über Hellas» ist bereits Photogeschichte und insofern unverwechselbar, als der Autor nicht nur seinen Gegenstand zeigt, sondern dabei auch sich selbst nicht aus dem Auge verliert. (Ich beziehe mich hier gleichzeitig auf andere von List in Griechenland gemachte Bilder.) List versucht keine geographische Darstellung Griechenlands und seines Inventars. Er zeigt entschieden, was *ihm* auffällt und gefällt. Es gibt für das Buch kein äußeres, nur das innere Konzept des Autors, dessen Persönlichkeit als Klammer wirkt, welche die Bilder zusammenhält. Dieses Buch ist ein Beispiel für das, was ich *Autorenphotographie* nenne, und was bei Robert Frank 1969 seinen Höhepunkt erreicht. List unterstreicht seine Bilder durch leise homoerotische Anspielungen; seine surrealistische Konstruktionsweise – in der Photographie bis dahin unbekannt – ist ein Experiment. List war modern und orientierte sich – ähnlich wie Cartier-Bresson – an der zeitgenössischen Kunst.

In «Greek Portfolio» hat der amerikanische Grieche Constantine Manos Griechenland Anfang der sechziger Jahre vor dem Massentourismus und der Gastarbeiterrückwanderung photographiert. Vielleicht liegt in der Nationalität des Autors die Erklärung für die Intimität seiner Bilder. Sie sind ungewöhnlich still. Könnten Photographien die Geräusche transportieren, die den Moment der Aufnahme begleiteten: man würde beim Lesen des Buches den Wind, das Rauschen des Meeres und der Bäume, die ruhigen Stimmen der Menschen hören – wie eine Evokation des legendären Griechenland. Manos zeigt schöne Menschen, schön vor dem Einfall der Touristenmassen und damit der Massenphotographie. «Greek Portfolio» ist das sehr persönliche Werk aus der Sicht eines jungen Griechen, als solches ein Ausnahmefall und seine größte Leistung.

«Griechische Tempel» von Walter Hege ist – für seine Zeit – ein technisch hervorragend photographiertes Buch, dessen Bilder den Respekt des Autors vor dem Gegenstand offenbaren. Sein berühmtes Bild vom Nike-Tempel auf der Akropolis ist einfach, es zeigt harmonische Architektur, nichts weiter. Es ist ein Zeugnis für geduldiges Eingehen auf den Gegenstand. In «Deutsches Lichtbild», Jahrgang 1931, berichtet Hege lakonisch: «Belichtet 2 Min., August, mittags, sonnig.» Das bedeutet: Arbeit zu einer Jahres- und Tageszeit, in der man sich beeilt, die Akropolis zu verlassen und weder sich noch die Kamera der Sonne auszusetzen. Hier ist das Gegenteil von flüchtigem Knipsen, das mit heutigen Kameras und Filmen eine Belichtungszeit von vermutlich nur 1/1000 sec erfordern würde. Heges Belichtungszeit, zwei Minuten, war 120 000 mal so lang ... Es drängt sich die Analogie auf zwischen seinem Ausharren und der Dauer der Steine auf der Akropolis.

Griechenland-Klischees

Griechenland ist seit dem Überfall der Touristen und der als Vergnügung wie erwerbsmäßig betriebenen Massenphotographie ein Photo-Klischee geworden. Ist solch ein Klischee erst einmal geprägt, wird es zu vermeiden eine Aufgabe, die nicht minder schwierig zu lösen ist, als eben dieses Klischee zu erfinden.

Als letzter hatte Constantine Manos die griechische Idylle, *Arkadien*, photographiert, ohne zu lügen, ohne die Imponderabilien der griechischen Gegenwart außer acht zu lassen. Die drei Bücher von List, Manos und Hege unterscheiden sich durch ihre Aufrichtigkeit vom stilistischen und konzeptionellen Eklektizismus üblicher Land-und-Leute-Photobücher, einem Genre, das um so erfolgreicher scheint, je unverbindlicher es Landschaft, Interieur, Kunst und Menschen, Klischee und Entdecktes miteinander vermengt. Die konzeptionelle Unbestimmtheit solcher Bücher entspricht ziemlich genau der Entwicklung des Tourismus von der Reise des sachkundigen Einzelnen bis zum Massentransport. Ihr Charakteristikum besteht darin, daß ihre Veranstalter meistens ohne Autor auskommen. Häufig genug wird das Bildmaterial aus den unterschiedlichsten Quellen zusammengekauft und ist dementsprechend heterogen. Die Motive stammen aus einem oder mehreren der Zielgebiete der großen Touristenströme. Das Produkt Souvenir-Buch muß in erster Linie marktfähig sein. Dieser Zweck ist so beherrschend, daß die Bücher, die von einem einzigen Photo-Autor verantwortet werden, in der Regel ebenso heterogen ausfallen, weil die Autoren nicht mit eigenen, sondern mit den Augen ihrer Auftraggeber photographieren. Dies gilt besonders für die Magazin-Photographie, in der dem Photographen als Autor keine Rolle zusteht: die eigentlichen Autoren sind die Redakteure und Layouter geworden.

Die Griechenland-Klischees sind in Anzahl und Bedeutung beschränkt, sie zeigen, was für das Land als «typisch» gilt: die weißen kubischen Häuser, die Männer im *Kafenion*, den «ewig» blauen Himmel etc.

Tatsächlich sind solche Bilder nicht Reportage, keine wirklichkeitsverpflichtete Photographie – kein Dokument Griechenlands, sondern eines der Werbung für den Konsum der Ware Griechenland, oder für die Zeitschrift oder gar den Photographen.

Griechen werden also nur photographiert, wenn sie sich äußerlich als solche ausweisen, sie sind bloß noch Accessoires ihrer sichtbaren Kennzeichen – ihrer Schnurrbärte und Volkstrachten.

Typisches aber dürfte meinethalben ganz fehlen, dafür muß das *Charakteristische*, das Bezeichnende und Erklärende gezeigt werden.

Einst war der Esel-reitende Dorfgrieche *typisch*, *charakteristisch* für unsere Jahre ist, daß er einen japanischen Pick-up fährt. *Typisch* war einst der Tanz der Männer in der Dorfkneipe, *charakteristisch* für heute ist, daß er den Touristen in ihren Hotels vorgeführt wird.

Land der Griechen

Der Titel bezieht sich nicht nur auf Goethe, er bezeichnet den Entschluß zu diesem Buch und sein Programm: das Photographieren der griechischen Erde und dessen, was auf ihr ist. Eine Reise nach Griechenland ist keine Reise nach Arkadien, das die Dichter als das Land der Unschuld und des stillen Friedens priesen. Uns bietet sich keine ideale oder idyllische Landschaft, kein elegisches Motiv. Wer nach Athen fliegt, sieht als erstes den unarkadischen Smog, der auf dieser Stadt lastet. Die Beschreibung Arkadiens von Pausanias im 8. Buch der Perihegese ist nicht die einer Traumlandschaft, sie ist genau. Arkadien, wie wir es kennenlernen, ist das zentrale Hochland der Peloponnes mit seinen Bergen bis zu einer Höhe von 2370 m. Diese Gegend ist steinig, öde und unwirtlich, das Klima ist rauh. In einigen flachen Teilen ähnelt die Landschaft ihrer Verklärung durch Vergil in den Eklogen. Durch die Jahrhunderte hindurch hat sich Arkadiens Bedeutung erhalten, es ist das entrückte «Traumland der Sehnsucht» geblieben und das ferne Gebiet, in dem der Tod immer schon wartet.

Das «arkadische Licht» – Hugo von Hofmannsthal nannte das griechische Licht so im allgemeinen – ist für seinen Nutzer, den Photographen, nicht so eindeutig zu definieren. Das «arkadische Licht» ist, wenn durch die Wolken des Winters, Frühlings und Herbstes diffundiert, nicht typisch für die Lichtverhältnisse im übrigen Griechenland. Bei wolkenlosem Himmel ist das Licht außerordentlich grell und schafft scharfe Kontraste, ganz besonders während der kalten Jahreszeit, wenn der Dunst und der in der Luft schwebende Staub es nicht diffundieren. Was Hofmannsthal meinte, war das Licht in weiten Teilen Griechenlands zur Reisezeit von Mai bis September. In den Jahreszeiten, während derer kein Tourist das Land betritt, sind in Griechenland alle Lichtsituationen Europas zu finden. Ich habe die Jahreszeit, in der die Sonne «garantiert» scheint, bei meiner Arbeit gemieden. Entscheidend ist, daß ich auf diese Weise das Bild zeichnen konnte, das die Griechen selber von ihrem Land haben, denn sie bewohnen es nicht nur im Sommer.

Von den Resten der Antike, sofern sie nicht in Museen geborgen oder verborgen sind, von ihren Bautrümmern also, führt zusammen mit der kaum veränderten Landschaft der Weg zurück ins Altertum. Sie sind die besondere Sehenswürdigkeit des so geplünderten Landes der alten und der neuen Griechen. Zeit und Verfall sind die Architekten der griechischen Ruinen, wie wir sie heute sehen. Wir haben sie nie anders sehen und photographieren können, und folglich wirken sie, als sei das steinerne Weiß der einst bemalten Säulen beabsichtigt: als seien sie als Ruinen erbaut. Ich sehe sie als intakte Verfallsarchitektur, und so zeigen sie meine Bilder.

Rekonstruktionen zerstören die Aura der Ruinen. Als Implantate der Gegenwart machen sie aus den Ruinen fast so etwas wie griechisches Disneyland. Für mich haben die Rekonstruktionen den Anblick von Knossos beeinträchtigt. Sie sind wie Erklärungen zu einem Sachverhalt, der ohnehin evident ist. Für mich ist die als Ruine belassene Anlage von Tylissos informativer und gleichzeitig schöner. Sie läßt ahnen, was mit *Labyrinth* gemeint war.

Vom archäologiebesessenen 19. und 20. Jahrhundert freigelegt und ihres Schutzes durch die Erde beraubt, sind die Ruinen beschleunigtem Verfall preisgegeben. Was wäre von den Bauten Olympias geblieben, wenn der Kladeos mit seinem Schlamm sie nicht eineinhalb Jahrtausende bis zu ihrer Ausgrabung geschützt hätte? Ihre Verwitterung, der endgültige Verfall dieser Denkmäler der Vergangenheit und Vergänglichkeit, ihre Reduktion aufs steinerne Skelett ist die «Anatomie des Grabes» (Ariès). Die Magie der alten Steine hat für mich die größte Anziehungskraft in Griechenland.

Photographieren ist der Versuch, schöpferisch das, was man im Sinn hat und will, mit dem, was der Zufall bietet, in Übereinstimmung zu bringen. Inhalt und Form eines Bildes müssen sich soweit entsprechen, daß kein Ausbruch des einen aus der Abhängigkeit vom anderen möglich ist. Eine Landschaft, die vom Photographen nicht als solche zur Wirkung gebracht werden kann, wird dies nicht wegen einer als Dekor untergebrachten menschlichen Figur tun. Amerikanische Photographen wie z. B. Timothy O'Sullivan (1842–1882) brauchten die menschliche Figur als Größenmaßstab in ihren Bildern von den unerschlossenen Gebieten in den USA. Der zu späten Ehren gelangte Anselm Adams hat in seinen Photographien ganz auf die Einbeziehung des Menschen verzichtet und die eigene Dramatik der Landschaft wirken lassen.

Erzählende Photographie, wie ich sie betreibe, bedarf keines formalen Experiments: die Wirklichkeit, die sie abbildet, ist Experiment genug. Meine Photographie zwingt zur Auseinandersetzung und zum Gespräch mit dem *Äußeren*, denn dieses ist, was sie zeigt.

Die Bewohner Griechenlands sind nicht das, als was man sie den Touristen verkauft, sie sind keine Sirtaki-Tänzer, keine exotischen Sorbas-Typen, sondern ganz normale Menschen, unter ihnen viele heimgekehrte Gastarbeiter. Die dekorativ-Müßigen stehen (weil arbeitslos) im Schatten ihres Systems, für den knipsenden Touristen stehen sie scheinbar im Licht. Die Achtung vor der Würde des Menschen verbietet es eigentlich, ihn als Zutat einer Bildkomposition oder als Sensation zu photographieren. Es gibt die zerstörerisch erodierende Wirkung der Photographie tatsächlich. Das Ungezeigte hat ungleich größere Chancen, intakt zu bleiben. Ich bin dagegen, daß Abbilder von elenden Menschen zur Unterhaltung im weitesten Sinne dienen. Ich habe mir den Interessenkonflikt zwischen meiner Arbeit und dem Photographierten gelegentlich bewußt gemacht, indem ich mit vorstellte, selbst von aus Omnibussen quellenden Touristen als «Typ» abgelichtet zu werden. Solche Überlegungen begründen, warum die Bewohner Griechenlands in diesem Buch nur eine indirekte Rolle spielen.

Die griechische Idylle war vielleicht der Zustand, in dem die Griechen sich Fremden gegenüber so verhielten, als seien sie unter sich. «Das Land der Griechen mit der Seele suchen» und es heute finden wollen, bringt nur Enttäuschung. Für mich wurde daraus immer wieder Demotivation und neue Motivation für meine Arbeit. Das verkaufte und veräußerte Griechenland von heute kann ohnehin keine ideale Vorstellung mehr nähren.